# शबजमिस्ताँ

# शबनमिस्ताँ

**फ़िराक़ गोरखपुरी**

लिप्यन्तरण

**डॉ. परमानन्द पांचाल**

राष्ट्रपति के भू.पू. विशेष अधिकारी (भाषाएँ)

वाणी प्रकाशन

प्रकाशन के उत्कृष्टतम 63 वर्ष

सजिल्द पहला संस्करण : 2006
सजिल्द दूसरा संस्करण : 2026

vaniprakashan.com

वाणी प्रकाशन
*4695, 21-ए, दरियागंज, नयी दिल्ली-110 002*
*फ़ोन : + 91 11 23273167, 23275710*
**शाखाएँ**
*अशोक राजपथ, पटना-800 004, बिहार*
*कॉफ़ी हाउस कैम्पस, महात्मा गांधी मार्ग, प्रयागराज-211 001, उत्तर प्रदेश*
*महात्मा गांधी अन्तरराष्ट्रीय हिन्दी विश्वविद्यालय, वर्धा-442 001, महाराष्ट्र*
sales@vaniprakashan.in
vaniprakashan@gmail.com

Shabnamistan
*by* Firaq Gorakhpuri
Transliteration : Dr. Parmanand Panchal

ISBN : 978-81-7055-589-6
Ghazal



मूल्य : ₹ 695



*जी.एस. ऑफ़सेट, दिल्ली-110 095 में मुद्रित*

*वाणी प्रकाशन का लोगो मक़बूल फ़िदा हुसैन की कूची से*

# इंतिसाब
(समर्पण)

'तू एक था, मेरे अश'आर में हज़ार हुआ,
इस इक चिराग़ से कितने चिराग़ जल उट्ठे।'

**'फ़िराक़'**

# लिप्यंतरण के संबंध में

मूलतः उर्दू और हिंदी भाषिक दृष्टि से एक ही भाषा होते हुए भी लिपि की दृष्टि से भिन्न हैं। नागरी लिपि में उपलब्ध होने के कारण आज उर्दू का साहित्य हिंदी पाठकों में भी लोकप्रिय होता जा रहा है। ‘फ़िराक़’ गोरखपुरी के इस ग़ज़ल संग्रह का नागरी लिप्यंतरण करते समय इस बात का पूरा-पूरा ध्यान रखा गया है कि इसके उर्दू मिजाज़ को कोई क्षति पहुँचाए बिना भी यह हिंदी पाठकों के लिए अधिक सुबोध और सुग्राह्य हो सके और वे भी इसका रसास्वादन समान रूप से कर सकें। उच्चारण की दृष्टि से कुछ नियम अपनाए गए हैं :

(1) ‘ज़ेर’ के चिह्न को प्रकट करने के लिए ‘ए’ की बजाए पूर्ववर्ती शब्द पर ‘ए’ की ‘े’ मात्रा का प्रयोग कर परवर्ती शब्द से पहले हाइफन (–) का चिह्न रख दिया गया है। स्वयं फ़िराक़ साहब ने भी अपने ग्रन्थ ‘उर्दू साहित्य के इतिहास’ में इसी विधि को अपनाया है। जैसे—‘चश्म-ए-यार’ को ‘चश्मे-यार’ लिखा गया है। किंतु जहाँ आकारांत, उकारांत और इकारांत शब्दों को ‘ज़ेर’ की अलामत से जोड़ने का प्रश्न है, वहाँ ‘ए’ स्वर का ही प्रयोग किया गया है जैसे—‘आज़ुर्दगी-ए-शादमाँ’, ‘दीवाना-ए-इश्क’ और तू-ए-पैराहन आदि।

(2) इसी प्रकार ‘वाव’ से जुड़नेवाले शब्दों के लिए भी सामान्यतः ‘ओ’ की मात्रा का प्रयोग किया गया है, जैसे—जोर-व-सितम की संधि को ‘जोरो-सितम’ रूप में किया गया है।

(3) अरबी और फारसी के शब्दों में प्रयुक्त ‘ज़े’, ‘ज़ाल’, ‘ज़्वादू’ और ‘ज़ोय’ आदि की ध्वनियों को स्पष्ट करने के लिए ‘ज़’ का प्रयोग किया गया है।

इसी प्रकार ‘काफ’ (ق), ग़ैन (غ), फ़े (ف) तथा ख़े (خ) की ध्वनियों के लिए क्रमशः क, ग, फ तथा ख के नीचे बिन्दु लगा दिया गया है।

(4) 'ऐन' ' ع ' की ध्वनि को प्रकट करने के लिए यथास्थिति 'अ' तथा 'इ' का सहारा लिया गया है। कहीं-कहीं पर अक्षर के ऊपर 'कोमा' लगाया गया है, जैसे—शे'र।

(5) योजक 'क' ک के स्थान पर हिन्दी पाठक की सुविधा की दृष्टि से 'कि' का प्रयोग किया गया है, जैसे—'उफ़ यह सदा **कि** जल्द आ' आदि।

(6) (वाव + हे) = وہ को 'वाहे' न लिखकर 'वह' लिखा गया है और जहाँ बहुवचन के रूप में प्रयोग है, इसे 'वे' किया गया है। यही स्थिति 'यह' और 'ये' की भी है।

(7) पाठकों की सुविधा की दृष्टि से कुछ कठिन शब्दों के अर्थ भी प्रत्येक ग़ज़ल के अंत में दे दिए गए हैं।

आशा है कि फ़िराक़ की ये ग़ज़लें हिंदी पाठकों में भी समान रूप से समादृत होंगी।

दिवाली, 30 नवंबर, 97

**—डॉ. परमानंद पांचाल**

# शबनमिस्ताँ

(दो शब्द)

शबनमिस्ताँ फ़िराक़ साहब की सन् 1936 से लेकर 1946 तक की ग़ज़लों का संकलन है। यह फ़िराक़ साहब की सुन्दरतम ग़ज़लों का संग्रह है जो 1947 में पहली बार प्रकाशित हुआ था और जिसे फ़िराक़ साहब ने स्वयं अपने संगम पब्लिशिंग हाउस से प्रकाशित किया था। अब इसे श्री अरुण महेश्वरी फिर से वाणी प्रकाशन द्वारा हिन्दी में प्रकाशित करने जा रहे हैं। ग़ज़लों का यह संग्रह अब हिन्दी में तो क्या उर्दू में भी अप्राप्य है। हिंदी के पाठकों का संसार बहुत विस्तृत है और हिंदी पाठक फ़िराक़ साहित्य के रसिया हैं। इन्हीं भावनाओं से प्रेरित होकर मैं वाणी प्रकाशन को शबनमिस्ताँ प्रकाशन हेतु सौंप रहा हूँ। आशा ही नहीं, मुझे पूर्ण विश्वास है कि यह पुस्तक हाथोंहाथ उठा ली जाएगी। गुरुऋण से मुक्त होने का मेरा यह लघु प्रयास है। साहित्यिक संसार का 'आज' फ़िराक़ का तो है ही 'कल' भी फ़िराक़ का ही होगा।

35/13 बटलर मार्केट
जवाहरलाल नेहरू रोड, इलाहाबाद

**रमेशचन्द्र द्विवेदी**

# अर्ज़े-मुसन्निफ़

(रचनाकार का निवेदन)

इस मजमूए में सब तो नहीं लेकिन बहुत सी मेरी मुन्तख़िब ग़ज़लें आ गई हैं। इनमें से अस्सी फ़ीसदी ग़ज़लें दूसरी जंगे-अज़ीम के आग़ाज़ 1939 ई. से अंजाम 1945 ई. तक की हैं। बअल्फ़ाज़ दीगर ये ग़ज़लें मेरी कमोबेश चौथाई सदी की मश्क़े-सखुन के बाद का नतीजा-ए-फ़िक्र हैं। ये ग़ज़लें वही व इल्हाम नहीं हैं। खुदा और ज़िब्रील से इनका कोई ताल्लुक़ नहीं। न अर्श व कुद्दश[1] से इनका कोई वास्ता है।

इक ज़ानी हुई दुनिया इक आलमे-हैरत है,
इन दोनों का मिल जाना दुनियाए मुहब्बत है।

इस मानूसतरीन व अजीबतरीन दुनिया-ए-मुहब्बत के कुछ अधसुने राग इन ग़ज़लों में सुनाई देंगे। तमाम हक़ीक़ी महसूसात या विज्दानी[2] तज्रुबात की अलग-अलग आवाज़ें होती हैं। शायर की इन्फ़्रादियत इन महसूसात व तज्रुबात की ख़लाकी में सिर्फ़ एक मर्कज़ी उन्सर है। इन महसूसात व तज्रुबात के वक़िया अनासिर और उनसे पैदा होनेवाली आवाज़ के शौक़े और पर्दे इन्सानी तहज़ीब की इन रिवायतों और माहौल की इन फ़िज़ाओं के हाथों बनते हैं। जिनसे असर लेने की तौफ़ीक़ शायर को नसीब हो।

शायरी में मेरी यह कोशिश रही है कि इस इन्हतात पज़ीर दौर के असरात से जहाँ तक मुमकिन हो सके बचूँ जिसमें उर्दू शायरी ने आँखें खोलीं और जिसमें वह अब से कुछ दिनों पहले तक साँस लेती रही। लेकिन किसी ख़तरे से बचना तो काफ़ी नहीं। ज़िन्दगी और अदब को एक असबाती[3] क़ुव्वत होना चाहिए।

---

1. पवित्रता 2. सहृदयता, जिज्ञासा 3. प्रामाणिक

इस तसव्वुर के ज़ेरे-असर मैंने हिन्दुस्तान की इस तहज़ीब की क़दरों को समझना चाहा जिन्होंने इस मुल्क़ के क़दीम तफ़क्कुर व फ़ल्सफ़ा, संस्कृत अदब, अजन्ता की फनकारी, हिन्दू रक्स व मौसीक़ी व मुसव्वरी और यहाँ की रोशन ख़्याल हस्तियों की तामीरकर्दा, यहाँ के मिट्टी, पानी व हवा और फिज़ा पैदाकर्दा और परवर्दा मिज़ाजे-ज़िंदगी को बनाया और सँवारा। मैं इसे महसूस करता रहा हूँ कि हिन्दुस्तानियत की रूह अगर उर्दू शायरी में सराइयत[1] कर सके तो इस शायरी में एक मासूमियत कायनात व हयात की हमआहंगी, एक तहारत[2], एक रूहानी मजाज़ियत व माद्दियत आ जाएगी जिससे ऐसे संसार संगीत फूट निकलेंगे जो सुरग संगीत को भी मात कर देंगे। मैं हमेशा से यह सुनता आता था कि उर्दू शायरी का सर चश्मा और उसकी रूह व रवां, बातिनी या दाख़िली तहरीक फ़ारसी व अरबी अदब व शायरी की रिवायतें हैं और हमेशा ये बयानात मेरे अन्दर बग़ावत के जज़्बात पैदा करते थे। फ़ारसी अरबी शायरी व अदब से थोड़ा बहुत मुतास्सिर हो लेना और बात है लेकिन शायरी हिन्दुस्तान की और उसकी जड़ें और बुनियादें मक्के मदीने या शीराज़ में यह बात मेरे गले के नीचे नहीं उतरती थी। अलबत्ता मैं इस हक़ीक़त को भी बहुत अहमियत देता हूँ कि उर्दू शायरी में हिन्दुस्तानी कल्चर और हिन्दुस्तानी मिजाज़ का ग़ालिब उन्सुर होते हुए भी उर्दू शायरी को फारसी अरबी और दुनिया की दीगर ज़बानों के अदब में जो आफ़ाकी[3] कल्चर के अनासिर हैं उन्हें ज़रूर जज़्ब कर लेना चाहिए। मैं इस्लाम और मुसलमानों को दुनिया में और हिन्दुस्तान में, इन कारनामों को रहमत बरकत और निआमत समझता हूँ। लेकिन इसके साथ-साथ यह भी चाहता हूँ कि उर्दू अदब व शायरी में हिन्दुस्तानियत और बुलन्दतरीन हिन्दुस्तानियत इसी तरह कूट-कूट कर भर दी जाए जैसे जर्मन अदब में जर्मनियत, रूसी अदब में रूसियत और हजाज़ी अदब में हजाज़ियत या भवभूति, कालिदास, भर्तृहरि और टैगोर की शायरी में और प्रेमचन्द के अदब में हिन्दुस्तानियत।

मैंने अपनी शायरी में इसी अमर की कोशिश की है कि इसका मिजाज़, इसके ख़त व ख़ाल, इसकी रूह हिन्दुस्तानी रहे और दूसरी ज़बानों की अदब व शायरी के कल्चर का इत्र भी इसमें खिंच आए। मेरे फ़ाज़िल दोस्त मजनूँ गोरखपुरी का कौल है कि शायरी में बड़ी कट्टर सिन्फे-सुख़न है और ग़ज़ल तो कट्टर से कट्टर तर सिन्फे-सुख़न है। इसलिए इन ग़ज़लों में ऊपर बयान किए हुए मक़ासिद अगर कुछ बर आए तो मैं सही समझूँगा कि मेरे विजदान

---

1. प्रवेश 2. पवित्रता 3. विश्व

व तख़य्युल की रियाज़त बिलकुल बेकार नहीं गई।

उर्दू की इश्किया शायरी का बेश्तर हिस्सा कसौटी पर पूरा नहीं उतरता। लेकिन अगरचे वह हिस्सा भी जो ख़्याल की पाकीज़गी, जज़्बात के ख़ुलूस और तकमील बयान की सिफ़ात रखता है अच्छी ख़ासी मिक्दार में है। फिर भी वह कल्चरी हैसियत से बहुत बुलन्द नहीं है या इस हिस्से का बहुत कम हिस्सा कल्चरी हैसियत से बुलन्द है। इसमें हमारे उर्दू शौअरा का ज़्यादा कसूर नहीं। बड़ा अदब बड़े ज़माने में पैदा होता है तो मुझे उर्दू शायरी के अच्छे हिस्सों की अच्छाई का शदीद अहसास होते हुए भी इनमें अमूमन अज़मत के अनासिर की कमी का अहसास होता रहा।

अब हिन्दुस्तान बदल चला है शायरी ही में नहीं बल्कि पढ़नेवालों और सुननेवालों में अब ऐसों की अक्सरियत नहीं रही जो ग़ालिब पर ज़ोक को तरज़ीह दें या जो दाग़ की सलौनी चटपटी शायरी के चटखारे लेते हुए भी उसे रूह की ग़िज़ा मान लें। हिन्दुस्तान की निसाते-सानिया जिस बुलन्दतर संजीदगी को हिन्दुस्तानियों के अन्दर पैदा करती जा रही है अगरचे उस संजीदगी की तरफ़ इन ग़ज़लों में कुछ इशारे मिल गए तो मैं शायद अपने आपसे यह कह सकूँ :

'यह तेरी सई[1] रायगाँ[2] इतनी तो रायगाँ नहीं'

इस मजमूए की कई ग़ज़लें हिन्दी बहरों में हैं जिनके बाज़ अश'आर मौज़ूनियत हिन्दी अर्ज़ (पिंगल) के मुताबिक है। यह इसलिए अर्ज़ कर दिया कि ऐसी ग़ज़लों को पढ़ने में इस बात का लिहाज़ रखा जाए। इस मजमूए का नाम 'शबनमिस्ताँ' मेरे एक नौजवान महबूब दोस्त का तज्वीज़ किया हुआ है। बात यों हुई—'एक रूमानी शाम को उन्होंने मेरे बहुत से अश'आर में समावी और फ़िज़ाई अहसास के हुस्नो-इश्क़ के बयानात में मनाज़िरे-कुदरत के विजदानी कैफ़ियात का नीज़ तरावत व हरारत के असरात का, खुसूसन शब और फ़िज़ाए शब के अदराक का ज़िक्र छेड़ा। उस वक़्त यह मजमूआ ज़ेरे-तरतीब था और इसके लिए मैं मुनासिब नाम की तलाश में था। मेरे दोस्त ने कहा जो ठंडक आपके बहुत से अश'आर से मिलती है उसके लिहाज़ से 'शबनमिस्ताँ' इस मजमूए का मुनासिब नाम होगा। यह नाम रात के राज़ों और शबनम की नर्मियों का हामिल होगा। मेरी ये ग़ज़लें हुई भी हैं अमूमन आधी रात के बाद। बसा औक़ात मक़ता तक आते-आते सितारे ठंडे पड़ने लगते थे और

---

1. कोशिश 2. व्यर्थ

पौ फटनेवाली होती थी। इधर ग़ज़ल के आख़िरी अश'आर की परछाइयाँ मेरे सीने में पड़ीं उधर पिछले पहर की क़ायनात खुनक नीलगूँ हवाओं और फ़िज़ाओं के आईने में झलक उठी।

–'फ़िराक़' (गोरखपुरी)

यूनिवर्सिटी बिल्डिंग
बैंक रोड, इलाहाबाद
10 जुलाई, 1947 ई.

# अनुक्रमणिका

# शबजमिस्ताँ

# 1

कुछ भी अयाँ[1] निहाँ न था, कोई ज़माँ मकाँ न था,
देर थी इक निगाह की, फिर यह जहाँ जहाँ न था।
साज़ वह क़तरे-क़तरे में, सोज़ वह ज़र्रे ज़र्रे में,
याद तेरी किसे न थी, दर्द तेरा कहाँ न था।
इश्क की आज़माइशें और फ़ज़ाओं[2] में हुईं
पाँव तले ज़मीं न थी, सर पै यह आसमाँ न था।
सोज़े-निहाँ[3] में वह क़रार क़ल्बे तपाँ[4] में वह सिफ़ा,[5]
शो'ला तो था तड़प न थी, आग तो थी धुआँ न था।
इश्क़ हरीम[6]-ए-हुस्न में अपने सहारे रह गया,
सब्र का भी पता न था, होश का भी निशां न था।
ग़फ़्लते-हुस्न जाग उठी और ज़बाने-इश्क पर
आह न थी, फ़ुगां[7] न थी, ग़म का कोई निशां न था।
किसके हवास थे बजा, कौन था अपने होश में,
वक़्ते-बयाने-ग़म कोई माइले-दास्तां न था।
जलवा-ए-ताब आज़्मा क़ायले-इश्क हो गया
थी न सदा-ए-अलहज़र[8], नारा-ए-अल अमां[9] न था।
एक को एक की ख़बर मंज़िले-इश्क़ में न थी,
कोई भी अहले-कारवाँ, शामिले-कारवाँ न था।
देख फ़ज़ाए दहर[10] को कैफ़े-अदम[11] से भर दिया
ऐ दिले-दर्द आश्ना मिट के भी मैं कहाँ न था।

---

1. स्पष्ट 2. वातावरण 3. छिपी हुई जलन 4. तड़पता दिल 5. विशेषता 6. घर की चारदीवारी 7. दुहाई, आर्तनाद 8. बचाव की आवाज़ 9. शांति की पुकार 10. ज़माना 11. परलोक

इश्क ने अपनी जान को रोग कई लगा लिए,
हिज्र-ओ विसाल, उमीद-ओ बीम कौन वबाल-ए-जां न था।
ख़ल्वतियाने[1]-राज़ से हाले-विसाल यार पूछ
हुस्न भी बे नक़ाब था, इश्क भी दरमियां न था।
अब न वह पुरसिशे[2]-करम, अब न वह चश्मे-आश्ना[3]
शिकवा-ए इश्क बर तरफ़[4], तुझसे तो यह गुमां न था।
दौरे-हयात महज़ था, उसके हरीमे[5]-राज़ में,
कैफ़ो-असर का जिक्र क्या, जीस्त[6] का भी निशां न था।
शिकवा-ए दरगुज़र नुमा क्यों है कि हुस्न इश्क से,
इतना तो बदगुमाँ न था, इतना तो सर गिराँ न था।
तेरी खुशी कि याद रख, तेरी खुशी कि भूल जा,
तुझसे ज़रा भी बदगुमाँ आलमे-रफ़्तगाँ[7] न था।
सब्रो-सुकूँ के राज़ कुछ बातों में खुल गए मगर,
इश्क को भी खुशी न थी, हुस्न भी शाद मां न था।
फिर भी सुकूने-इश्क पर, आँख भर आई बारहा,
गो ग़मे-हिज्र भी 'फ़िराक' कुछ ग़मे-जाविदाँ[8] न था।

(1936 ई.)

1. एकान्त में रहनेवाले 2. पूछताछ 3. जाना-पहचाना 4. अलग 5. चारदीवारी 6. ज़िन्दगी 7. गुज़रा हुआ 8. शाश्वत दुःख

## 2

क़फ़स[1] से छुट के वतन का सुराग़ भी न मिला,
वह रंगे-लाला-ओ-गुल था कि बाग भी न मिला।
खुला है होश में आकर, फ़रेबे-बादः[2] कशी,
सियाहकारों के दामन को दाग़ भी न मिला।
हरीफ़े-ख़िज्र[3] था हर मस्ते-बादए-इर्फ़ां
दलीले-राह मगर इक चिराग़ भी न मिला।
निगाहे-मस्त वहाँ ले गई, मुहब्बत को,
जहाँ का होशो-जनूं को सुराग़ भी न मिला।
यह जोशे-मय यह भरा मय कदा यह अब्र यह बाद !
ज़हे नसीब ! कि ख़ाली अयाग़[4] भी न मिला।
उमीदवार इसी के थे मेहमाने-बहार,
उड़ी तो बूए-चमन का दिमाग़ भी न मिला।
'फ़िराक़' मोजिज़ए[5]-सोज़ो-साज़ क्या करते,
उभर सके जो किसी से वह दाग़ भी न मिला

(1937 ई.)

1. क़ैद 2. मदिरापान 3. हज़रत खिज्र, हरियाली 4. प्याला 5. चमत्कार

## 3

फ़सुर्दगी[1]-ए-मुहब्बत पे मुस्कराए जा,
अब आ गया है तो इक आग-सी लगाए जा।
इस इज़्तराब[2] में राज़े-फ़रोग[3] पिन्हाँ[4] है,
तुलूए[5]-सुबह के मानिन्द थर-थराए जा।
निगाहे-नाज़ तेरा यूँ तो है पयाम कुछ और
मगर करम भी किए जा सितम भी ढाए जा।
जहाँ को देगी मुहब्बत की तेग़ आबे-हयात[6],
अभी कुछ और इसे ज़हर में बुझाए जा।
मिटा-मिटा के मुहब्बत सँवार देती है,
बिगड़-बिगड़ के यूँ ही ज़िंदगी बनाए जा।
फिर अपना काम भी करेगी एक दिन वह निगाह,
अभी तो इश्क़ की गों पर इसे लगाए जा।
अभी तो ऐ ग़मे-पिन्हाँ जहान बदला है।
अभी कुछ और ज़माने के काम आए जा।
मामला भी यही है कि खुल के दिल की तरफ़,
ज़रूर देख नज़र भी मगर चुराए जा।
पता यों ही तुझे अपना भी चल रहेगा कभी,
तेरे निसारे[7]-मुहब्बत को आज़माए जा।
दिलों को तेरी जुदाई भी हो रहेगी क़बूल,
कोई दिन और यह वीरानियाँ बसाए जा।

---

1. खिन्न, मलिन 2. घबराहट 3. तरक्की 4. छिपा हुआ 5. निकलना 6. अमृत 7. निछावर

ख़ुलूसे-इश्क़ को कर बेनियाज़े-ग़फ़लतो-होश,
किसी को याद के पर्दे में कुछ भुलाए जा।
खुलें न हुस्न की फितरत के राज़ आशिक पर,
बरत ख़लूस भी झूटी क़सम भी खाए जा।
फिर अपने नाज़ भी उठते नहीं मुहब्बत से,
अभी तो एक ज़माने के नाज़ उठाए जा।
वह कीमिया[1] ही सही पहले ख़ाक होना है,
अभी तो सोज़े-मुहब्बत की आँच खाए जा।
शबाब पर है ज़माना तेरे सितम पर निसार
उभर रहा हूँ, कई रंग से मिटाए जा।
फ़ुसूने-नीम शबी[2], नरगिसे-खुमार आलूद[3]
तेरे निसार, यह जादू अभी जगाए जा।
'फ़िराक़' छेड़ दिया तूने क्या फसाना-ए-दर्द,
समझ में कुछ नहीं आता मगर सुनाए जा।

(1940 ई.)

1. रसायन विद्या 2. आंधी रात का जादू 3. खुमार से भरी हुई आँखें

## 4

सिलाए[1] आमे-इश्क़ है, फरेब-ए-खुल्द[2] में न आ,
अज़ाब[3] सह, अज़ाब सह, सवाब[4] में है क्या धरा।
'फ़िराक़' सा कोई तेरी अंजुमन में कौन था,
वह दर्द कुछ उठा-उठा, वह रंग कुछ उड़ा-उड़ा।
जो अहले-दिल की जान हैं वह और हैं करम सितम,
यह क्या बातों-बातों में हँसा दिया, रुला दिया।
जमाल का सकून भी है मोजे-लर्जिशे-ख़फ़ी,
कुछ इज़तराबे-हुस्न को सुना है सब्र आ गया।
यह फ़र्क़ व इम्तियाज़ यह तअय्युनात[5] किसलिए,
वफ़ा जफ़ा को भूल के कर अहले-दिल का फैसला।
अज़ल[6] से जो न मिट सकी वह बेकसी थी इश्क़ की,
तेरी निगाहे-लुत्फ़ ने हज़ार आसरा दिया।
कभी-कभी तो हुस्न को भी दर गुज़र ज़रूर है,
सुकूते-यास[7] पर न जा कुछ आज याद आ गया।
वो सोज़ो-दर्द मिट गए वह ज़िन्दगी बदल गई।
सवाले-इश्क़ है अभी, यह क्या किया ? यह क्या हुआ ?
मैं पूछता तो हूँ मगर जवाब के लिए नहीं,
यह क्यों तेरी नज़र फिरी यह क्यों बदल गई हवा।
ख़बर न जिन की तूने ली वह लोग अब फ़साना हैं,
पता न जिसका था तुझे वह ग़म दिलों को खा गया।

---

1. बदला 2. स्वर्ग 3. कण्ठ 4. पुण्य 5. निश्चय करना, पक्का करना 6. अनादिकाल, 7. निराशा की स्तब्धता

फ़सुर्दगी[1]-ए-इश्क़ बिजलियों की रो में आ गई,
मुझे उदास देखकर यह कौन मुस्करा दिया।
मैं होश व मस्ती व ख़ुमार व कैफ़ व कम से दूर हूँ,
तेरे निसार साक़िया[2] ! तेरे निसार साक़िया।
मिटा न दे, मिटा न दे, यह दाग़े-सीना ए-तपाँ,
तल्फ न कर तल्फ़ न कर यह नुस्खा हा ए कीमिया।
मैं दौरे-चर्ख़[3]-ओ दौरे-मय से बेख़बर नहीं मगर,
छिड़ा हुआ अज़ल से है, इस आँख का मामला।
'फ़िराक़' और भी तो अहले दर्द हैं जहान में,
यह बेकरारियाँ दुरस्त, ये उदासियाँ बजा।

---

ग़फ़लत का हिजाब कोहो-सहरा से उठा,
पर्देए-फितरत के रूए ज़ेबा से उठा।

---

पौ फटने का आज क्या सुहाना समाँ,
पिछले को 'फ़िराक़' कौन दुनिया से उठा।

---

(1937 ई.)

1. खिन्नता 2. शराब पिलानेवाली 3. आकाश

## 5

यह इज़्तराब क्या है, हाल क्या है, मुद्दआ है क्या ?
वह देखते तो जानता, वह पूछते तो सोचता।
तड़पने दे किसी को क्या, किसी को चैन दे तो क्या,
तेरी नज़र की पै[1] ब पै, यह जुंबिशे-सकूं नुमा।
हैं यों तो बेनियाज़ियो को तेरी लाख मश्ग़ले,[2]
जो हो सके तो अहले-दर्द को भी याद आए जा।
बस एक रहस्ताने[3]-राहे-इश्क़ का पयाम है,
न होश ही से मोड़ मुँह न ग़फलतों से बाज़ आ।
कहाँ तक इक जहाँ के वहमे-नो-ब-नो को रोइए,
यह सच कि हुस्न बावफा बजा[4] कि इश्क़ बे ख़ता।
यह सोजो-साज़े-इश्क़ मावराए[5] वस्लो-हिज्र है,
हज़ारों ऐसी हरकतों को ख़ाक में मिला दिया।
मुझे भी याद हैं वह शामे-हिज्र की हिकायतें,
वह दर्द सा रुका-रुका, वह अश्क सा थमा-थमा।
ख़याले-रबते-बाहमी[6] मुझे भी है उसे भी है,
यह आर्जू अलग-अलग यह मुद्दआ जुदा-जुदा।
गुलों की जल्वागाहे[7]-नाज़ में न ढूँढ अब मुझे,
मैं नक़्श[8] था मिटा दिया, चिराग़ था बुझा दिया।
मिटे न सोज़े-ज़िन्दगी जुदाइयों का ग़म न कर
यह क़ौले-इश्क़ याद रख, वह अहदे-हुस्न भूल जा,

---

1. लगातार 2. कार्य 3. रास्ता चलनेवाला 4. ठीक 5. संयोग-वियोग से परे 6. मेलजोल 7. सजावट 8. निशान

सदाए-बाज़गश्त[1] भी दयारे-इश्क़ में नहीं,
जवाब का तो ख़ैर ज़िक्र क्या, मगर पुकारे जा।
उन्हीं से उठ रहे हैं शौला-ए-नवाए-सरमदी[2],
बस एक सोज़े-बे असर बस एक साज़े-बेसदा।
न पूछ नशो-खुमारे-बादाए-जहाँ फुगन
वह रिफ़अतें[3] अदम बदोश, पस्तियाँ फ़लक नुमाँ
कहाँ निगाहे-नाज़ और कहाँ यह नक्शे-आर्ज़ू
बढ़ा दिया, घटा दिया, बना दिया, मिटा दिया।
हर अंजुमन से वह निगाहे-नाज़ ले उड़ी मुझे,
बसद जुनूनो-होश इश्क़ रह गया है देखता।
बस एक इश्क़ के ख़राब होने ही की देर थी,
शबाब था सँवर गया, ज़माना था गुज़र गया।
फ़ज़ाए क़ायनात आँख खोलती चली 'फ़िराक'
यह नग़्मा हाए ज़िन्दगी सुनाए जा सुनाए जा

(1937 ई.)

1. लौटना 2. सरमद एक सूफी सन्त था 3. ऊँचाई

## 6

आज भी क़ाफ़िलाए-इश्क़ रवाँ है कि जो था,
वही मील और वही संगें-निशाँ है कि जो था।
आज भी इश्क़ लुटाता दिलो-जाँ है कि जो था,
आज भी हुस्न वही जिन्से-गिराँ है कि जो था
फिर तेरा ग़म वही रुस्वाए[1]-जहाँ है कि जो था,
फिर फसाना हदीसे-दिगराँ[2] है कि जो था।
दिले-सोज़ाँ से है पुर नूर शबिस्ताने[3]-वजूद
इश्क़ फिर शम्माए-महराबे-जहाँ है कि जो था।
मंजिलें गर्द के मानिन्द उड़ी जाती हैं
वही अन्दाज़े-जहाने-गुज़राँ है कि जो था।
मंज़िलें इश्क़ की ताहद्दे नज़र सूनी हैं,
कोई रहरौ न यहाँ है न वहाँ है कि जो था।
आफियत[4] का भी मुहब्व में था इक दौर मगर,
फिर वही इसमें ज़याने[5]-दिलो-जाँ है कि जो था।
जुलमतो-नूर में कुछ भी न मुहब्बत को मिला,
आज तक एक धुँधलके का समां है कि जो था।
यों तो इस दौर में बेकैफ़[6]-सी है बज़्मे-हयात,
एक हंगामा सरे-रत्लें[7]-गिराँ है कि जो था।
रातभर हुस्न पे आए भी गए भी सौ रंग,
शाम से इश्क़ अभी तक निगरां है कि जो था।

---

1. बदनामी 2. दूसरा 3. शयनागार 4. सलामती, नेकी 5. हानि 6. बिना निशा 7. बड़ा पैमाना (शराब)

जो भी कर ज़ोरो-सितम, जो भी कर अहसानो-करम
तुझपर ऐ दोस्त वही वहमो-गुमाँ है कि जो था।
आँख झपकी कि उधर ख़त्म हुआ रोज़े-विसाल
फिर भी इस दिन पर क़यामात का गुमां है कि जो था।
आज फिर इश्क़ दो आलम से जुदा होता है,
आस्तीनों में लिए कोनो-मकां है कि जो था।
तीरःबख़्ती[1] नहीं जाती दिले-सोज़ां की 'फ़िराक़',
शमा के सर पे वही आज धुआँ है कि जो था।

(1937 ई.)

1. दुर्भाग्य

# 7

ग़म तेरा जलवा दहे-कोनो-मकां है कि जो था,
यानी इंसान वही शोला बजां है कि जो था।
फिर वही रंगे-तकल्लुम[1] निगहे-नाज़ में है,
वही अन्दाज़ वही हुस्ने-बयां है कि जो था।
कब है इन्कार तेरे लुत्फ़ो-करम से लेकिन,
तू वही दुश्मने-दिल, दुश्मने-जाँ है कि जो था।
इश्के-अफ़्सुर्दा नहीं आज भी अफ़्सुर्दा बहुत,
वही कम कम असरे-सोज़े-निहां है कि जो था।
कुर्ब[2] ही कम है न दूरी ही ज़्यादा लेकिन,
आज वह रब्त[3] का अहसास कहाँ है कि जो था।
नज़र आ जाते हैं तुमको तो बहुत नाजुक हाल,
दिल मेरा वही ऐ शीशाए-गिरां है कि जो था।
जान दे बैठे थे इक बार होश वाले भी,
फिर वही मरहलाए-सूद-ओ-जियाँ[4] है कि जो था।
हुस्न को खींच तो लेता है अभी तक लेकिन
वह असर जज़्बे-मुहब्बत में कहाँ है कि जो था।
आज भी सैद[5] गहे-इश्क में हुस्ने-सफ़्फ़ाक[6]
लिए अब्रू की लचकती सी कमाँ है कि जो था।
आज भी काविश-पिन्हाँ है मुहब्बत की वही
नश्तर इक आज भी रग-रग में रवाँ है कि जो था।

---

1. मुरझाया हुआ 2. करीबी 3. सम्बन्ध 4. लाभ-हानि 5. शिकार किया जानेवाला पशु 6. निर्दयी

फिर तेरी चश्मे-सुख़न संज ने छेड़ी कोई बात,
वही जादू है, वही हुस्ने बयां है कि जो था।
फिर सरे-मैकदाए[1]-इश्क है इक़ बारिशे-नूर
छलके जामों से चरागां का समां है कि जो था
फिर वही ख़ैरा निगाही[2] है तेरे जलवों से
वही आलम तेरा ए बर्क़े[3]-दमां है कि जो था
आज भी आग दबी है दिले-इन्साँ में 'फ़िराक़'
आज भी सीनों से उठता वह धुआँ है कि जो था।

(1937 ई.)

1. मयखाना 2. बेहया 3. बिजली

## 8

सुना है बादे-ख़िजां के हाथों चमन का दूना निखार होगा,
असर से इस शोलाए-तपां के कुछ और हुस्ने-बहार होगा।
यह कहके डाली बनाए दिल दस्ते-ग़ैब[1] ने गुलशने-जहाँ में
चमन के हर ख़ारो-ख़स[2] के नीचे दबा हुआ इक शरार होगा।
अगरचे हर अहले-कारवाँ के बसीरत[3] अफ़्रोज़ नक्शे-पा हैं,
ये मंजिलें जिससे जाग उठी हैं दिले-ग़रीबुल[4] दयार होगा।
यह रंगे-बज़्मे-निशाते-हस्ती करिश्मा है हुस्ने-शादमां का,
खुलेंगे राज़े-हयात जिससे वह इश्क़े-ग़म दोस्तदार होगा।
शजर[5] हिज्र का जमूदे[6]-हस्ती पयामे-इबरत है ग़ाफ़िलों को
जिसे तलाश-ए-सकूं नहीं है, भला वह क्या बेकरार होगा।
लगावटें भी लिए हुए है तेरा यह बेलाग मुस्कराना
कभी यह इक शरारे-रक्साँ रगों में चढ़ता बुख़ार होगा।
तू जल्वागर है मगर यह सुन ले कि आँख ओझल पहाड़ ओझल
अगर यही शोखियाँ हैं तेरी तो फिर किसे एतबार होगा।
दराज़ी-ए-शामे-ग़म के हाथों तड़पते दिल भी ठहर चले हैं,
बिछुड़ के तुझ से कोई कहाँ तक सितम कशे-इंतज़ार होगा।
यह धुँधली परछाइयाँ हैं जिसकी दबी-दबी गर्मियाँ हैं जिसकी,
वह शब क़यामत की रात होगी वह रोज़ राज़े-शुमार होगा।
न खूने-मन्सूर है शफ़क[7] पर न क़त्ले-सरमद[8] की दास्तां है,
अब इससे ओरों की सुबह होगी नाराए-गीरो-दार[9] होगा।

---

1. छिपे हाथ 2. कूड़ा-करकट 3. रोशनी 4. परदेसी 5. वृक्ष 6. ठहराव की स्थिति 7. आकाश 8. सरमद सूफी का कत्ल औरंगज़ेब द्वारा कराया गया था 9. फाँसी

मनाज़िले-इर्तका[1] के धोके ज़माना पहले भी खा चुका है,
किसी को जिसकी ख़बर नहीं है वह इन्कलाब एक बार होगा।
निसार पैमाने-दोस्ती के, मगर है गर्दिश में आसमां भी
जो यादे-माज़ी पे मुन्हसिर हो वह अहद क्या इस्तुवार[12] होगा।
कभी तो पसमान्द गाने-मंज़िल को आएगी यादे-रफ़्तगां भी,
कि दूरो-नज़दीक रहगुज़र में कहीं तो उठता गुबार होगा।
न पूछ किस काविशे-निहां से सुकून सा आ चला दिलों में
उम्मीद थी पर्दादार जिसकी वह राज़ अब आशकार होगा।
न पूछ किस रंग से दिलों पर निगाह साकी की पड़ रही है,
हिजाबे-शामे-अबद उठेंगे, वह नशा ए-बेखुमार होगा।
ख़्याल को बेअसर न समझो, अमल की चिंगारियाँ हैं इसमें,
कि आज जुलमतसराए-दिल में जो नूर है कल वह नार होगा।
यह बेक़रारों का ज़ब्ते-ग़म भी हवा का रुकना है क़त्ले[3]-तूफ़ां
सुकूत जिसको समझ रहे हैं वह नाला-ए-शालाबार होगा।
चलेगी शमशीरे-नाजे-कातिल, इसी ज़मां-ओ-मकाँ में लेकिन,
गुज़र चुका जो फना[4]-बक़ा[5] से वह कुश्ताए-हुस्ने यार होगा।
अगर यूँ ही जिस्मे-उन्सुरी[6] को जराहते-इश्क ने सँवारा,
यह पेरहन दूशे[7]-ज़िन्दगी पर वबाल होगा न बार[8] होगा।
कहीं मिटाने से मिट सकी हैं निशानियाँ कश्तगान-ए-ग़म की
तिलिस्म[9] अन्दर तिलिस्म होगा मज़ार अन्दर मज़ार होगा।
न जाने किसके गदाज़े-दिल[10] की बहारे-गुलज़ार मुन्तज़िर की,
किसे ख़बर थी कि अश्के-शबनम गुलों का आइनादार होगा।
जो मौत से शर्त बद के सोये थे जाग उठे इक इशारा पाकर
उन्हें भी हुशियार करनेवाला 'फ़िराक़'-ए-ग़फ़लत शआर होगा।

(1938 ई.)

1. उन्नति 2. मज़बूत 3. पहले 4. ख़त्म होना 5. बाकी रहना 6. तत्व 7. कन्धा 8. बोझ 9. जादू 10. पिघलना

# 9

दौरे-फ़लक कुछ रुका-रुका सा,
क़ाफ़िला कुछ ठहरा-ठहरा सा।
एक दिल और फ़सुर्दः फ़सुर्दः,
एक चिराग़ और बुझा बुझा सा।
क़ाफ़िलाए-हस्ती इन रोज़ों
रुका-रुका सा, बढ़ा-बढ़ा सा।
इश्क़ हो अमृत या हो हलाहल
एक जहाँ है प्यासा-प्यासा।
थमी-थमी सी गर्दिशे-दौरां,
राज़े-क़यामत, रुका-रुका सा।
दिल उमड़ा-सा आँख भरी-सी,
आज तो हुस्न भी अपना सा।
बेलंगर है प्रेम की कश्ती,
रूप भी है चढ़ता दरिया सा।
दिल को तुझसे दिल से तुझ को
एक झिझक सी, एक खटका सा।
उफ़, यह ख़रामे[1]-नाज़ का आलम,
जामे-हुस्न छलका-छलका सा।
आज न जाने क्यों होता है,
दिल में दर्द हल्का-हल्का-सा।
आज यह कौन है मेरे आगे,

1. इतराकर चलना

कुछ देखा, कुछ अनदेखा सा।
इश्क़ में एक अज़ाब[2] सा दिल पर,
सर पर रहमत का साया-सा।
देख 'फ़िराक़' खुशी फिर अपनी,
इसमें मिला ले ग़म थोड़ा-सा।

(1940 ई.)

1. कष्ट

## 10

ग़म का कारवाँ रुका-रुका-सा,
शौरे-जरस[1] धीमा-धीमा-सा।
दिल का नगर बहुत रोज़ों से,
लुटा लुटा सूना-सूना-सा।
कोई उसको जान सका है,
देखने में भोला-भाला-सा।
बू भी कुछ उड़ती-उड़ती सी,
रंग भी कुछ निखरा-निखरा-सा।
आह, वह आलमे-हुस्न, वह जब हो,
नींद से कुछ जागा-जागा-सा।
सामने से वह उसका गुज़रना
वह दामन हाथ आया हुआ सा।
सब कुछ जीत के सब कुछ हारे,
प्रेम का ऐसा पल्टा पासा।
ग़म में तेरे जीनेवालों को
देती है मौत खुद दिलासा।
आह तेरे ग़म का दल बादल,
आलम आलम छाया हुआ सा।
हिज्र में आठ पहर का रोना,
बात ज़रा सा ग़म इतना सा।
इश्क़ 'फ़िराक़' यही तो नहीं है,
दिल में खटकता है काँटा सा।

(1940 ई.)

1. घंटा

## 11

हम अहले-ग़म का मुक़द्दर तो सो चुका कब का,
यह इन्कलाबे-ज़माना तो हो चुका कब का।
न ज़िक्रे-मोजे-फ़नाकर कि ग़म के बेड़ों को,
गुदाज़े[1]-सीनाए-साहिल डुबो चुका कब का।
वही है टीस वही सीनाए-फ़िज़ा की कसक,
दिले-ख़राब मुहब्बत में रो चुका कब का।
वही है इस निगहे-मस्त की सिया कारी,
गुनाहे-इश्क भी दामन को धो चुका कब का।
उम्मीदवार अभी तक है इश्क की दुनिया,
दिले-हज़ीं तो सुना जान खो चुका कब का।
कोई कहाँ तक अब अपनी ही जान को रोये,
यह सानिहः[2] तो मुहब्बत में हो चुका कब का।
कुछ और काम बता, ग़म रगे-मुहब्बत में,
हयाहों-मौत के उन्सुर[3] समो चुका कब का।
निगाहे-नाज़ तेरी पर सिशे-निहाँ[4] के निसार,
मुझे जनूं न सही होश खो चुका कब का।
वफूरे-गिर्या में यह बेकसी मुहब्बत की,
खुलूसे-हुस्न भी दामन भिगो चुका कब का।
फ़िराक़ और कोई दास्ताने-इश्क़ सुना,
फ़साना-ए-ग़मो-शादी तो हो चुका कब का।

1. साहिल के सीने का पिघलना 2. दुर्घटना 3. तत्त्व 4. छिपा हुआ

इक जलवाए-हक़ नुमा को देखा,
तुम को देखा ख़ुदा को देखा।

---

तेरा विसाल बड़ी चीज़ है, मगर ए दोस्त,
विसाल को मेरी दुनिया-ए-आर्ज़ू न बना।

---

(1938 ई.)

## 12

न पूछ तेरी मुहब्बत में हाथ क्या आया,
न चाहिए मुझे अब कुछ भी और, भरपाया।
थे तुझसे या थे ज़माने से बेख़बर ए दोस्त,
यह जान बूझके धोखा दिलों ने क्यों खाया।
ख़याले-गेसूए-जानां की वुसअतें[1] मत पूछ
कि जैसे फैलता जाता हो शाम का साया।
कुछ ऐसा रंजे-जुदाई भी था न आज, कुछ
सुकूने-नीम शबी[2] में बहुत तू याद आया।
ज़ियादः ज़र्फ से दुनिया भी कोई दुनिया है,
दिलों ने तेरी मुहब्बत का जाम छलकाया।
कभी सुने न तक़ाज़ाए-फितरते-मासूम,
इसी ने ख़ुल्द से इंसान को निकलवाया।
पड़ी थी दौलते-कोनैन[3] दारे-इमकां में
कहाँ से इश्क़ भी या रब यह दिल उठा लाया।
निगाहे-होश रुबा[4] तक तो थे हवास बजा,
मैं खो गया हूँ उन आँखों का जब पता पाया।
फ़रेब-ए-हिज्र वही है, वही फ़रेब-ए-विसाल,
अभी कहाँ तुझे खोया, अभी कहाँ पाया।
बताएँ क्या दिले-गमगीं उदास कितना था,
कि आज तो निगाहे-नाज़ ने भी समझाया

---

1. विस्तार 2. अर्धरात्रि का आराम 3. दोनों लोक—इहलोक और परलोक 4. महबूब

रहेंगी याद रियाकारियाँ[1] तेरी ऐ इश्क़
अरे कहाँ से कहाँ अहले-दिल को पहुँचाया।
तू इश्क़ ही की पशेमानियों को रोता है,
तुझे ख़बर ही नहीं हुस्न भी तो पछताया।
यहाँ तो नब्ज़े-ज़माँ ओ मकाँ भी दूरी है,
तेरा जुनूने-मुहब्बत मुझे कहाँ लाया।
तेरी निगाह हुई जब तो ज़िन्दगी पाई,
कि आज तक तो मुझे मौत ने भी तरसाया।
सदाए दिल हुई साबितं हरीफे-ज़र्बे[2]-कलीम,
मैं डर रहा था कि पत्थर से शीशा टकराया।
दिलों ने तुझसे भी जिसको बचा के रक्खा था,
निगाहे-यार वही दर्द आज काम आया।
निगाहे-शोक ने कुछ, अंजुमन ने कुछ समझा,
कोई न देख सका इस तरह वह शर्माया।
मुनासिबत भी है कुछ ग़म से मुझको और ऐ दोस्त,
बहुत दिनों से तुझे महरबां नहीं पाया।
यह ज़िन्दगी के कड़े कोस, याद आता है,
तेरी निगाहे-करम का घना-घना साया।
'फ़िराक़' एक हुए जाते हैं ज़मानो-मकान,
तलाशे-दोस्त में मैं भी कहाँ निकल आया।

---

बग़ैर इल्म भी जैसे हवाएँ चलती हैं,
यूँ ही कुछ अहले-मुहब्बत को याद आए जा।

---

(1941 ई.)

1. दूरियाँ 2. आवाज़

## 13

मुहब्बत तो करती है दुनिया ज़माना,
मुहब्बत को तूने न जाना न माना।
बदलता है जिस तरह पहलू ज़माना,
यूँ ही भूल जाना यूँ ही याद आना।
हर इक का सहारा, हर इक का ठिकाना,
तेरा आस्ताना[1], तेरा आस्ताना।
अजब सोहबतें हैं, मुहब्बत ज़दों की
न बेगाना कोई, न कोई यगाना[2]।
फुसूँ[3] फूँक रक्खा है ऐसा किसी ने,
बदलता चला जा रहा है ज़माना।
उधर खुद नुमा हुस्न रश्के-क़यामत[4]
इधर चोर बनकर दिलों में समाना।
तबस्सुम भी शबनम से हो नरम जिसका,
क़यामत है उस आँख का डबडबाना।
यह करके भी तो इश्क़ कुछ खुश नहीं है,
करम याद रखना सितम भूल जाना।
कई बिजलियाँ बेगिरे गिर पड़ी हैं,
उन आँखों को अब आ गया मुस्कराना।
वह पिन्हाँ ख़लिश कौन थी जिसकी खातिर,
अदम को पड़ा नाज़े-हस्ती उठाना।
जवानी की रातें मुहब्बत की बातें,

---

1. चौखट, दरगाह 2. अपना 3. जादू 4. प्रलय

कहानी कहानी, फ़साना फ़साना।
वही तुम वही हम वही दर्द लेकिन,
मुहब्बत-मुहब्बत, ज़माना-ज़माना।
तेरे गुमशुदों को वह मंज़िल मिली है,
न चलना, न फिरना, न आना, न जाना।
यह है मौत ऐ दोस्त या ज़िन्दगी है,
तेरा याद आना, तेरा याद आना।
जो तारे-नज़र थरथराए थे तेरे,
वही था वही तेरे ग़म का तराना।
पयामे-फ़ना नर्मियाँ हैं नज़र की,
नज़ाकत से उसकी न ज़ोर आज़माना।
नई मंज़िलों को सुकूने-वतन दे
ठहरना नहीं है, यह है दूर जाना।
यह दर्दे-निहाँ क्या यह दीदे-बुताँ क्या,
मुहब्बत का धोखा नज़र का बहाना।
मुहब्बत में ऐसा भी अक्सर हुआ है,
तुझे पर्दा-ए-याद में भूल जाना।
बना जा रहा है, हुआ जा रहा है,
खुशी का ज़माना भी ग़म का ज़माना।
हक़ीक़त भी तुझ पर कभी खुल रहेगी,
तुझे ख़ैर आजाए धोका ही खाना।
चले जा रहे हैं चले जानेवाले,
न कोई सहारा न कोई ठिकाना।
तेरी ख़ामुशी लो दिए जा रही है,
न छूटा तेरे हुस्न का गुनगुनाना।
अलम[1] क्या खुशी क्या कि देखा है हमने
अलम का हँसाना खुशी का रुलाना।
ग़नीमत है ऐ अहले-दिल कोई दिन का
यह हँसना-हँसाना, यह रोना-रुलाना।
यह कहकर मैं करता हूँ अर्ज़े-तमन्ना,
निगाहे-मुहब्बत के धोके न खाना।

1. रंज

बदलने का तेरे पता दे रहा हूँ,
तुझे आज पाकर तेरी याद आना।
ग़मे-हिज्र सहता हूँ और सोचता हूँ,
तेरी महरबानी है तेरा न आना।
तुझे याद करता हूँ और सोचता हूँ,
मुहब्बत है शायद तुझे भूल जाना।
उसी दिल की किस्मत में तन्हाइयाँ थीं
कभी जिसने अपना पराया न जाना।
'फ़िराक़' इन निगाहों को रुस्वा करेगा,
यह अँगड़ाई पर आज अँगड़ाई आना।

---

थी यूँ तो शामे-हिज्र मगर पिछली रात को,
वह दर्द उठा फ़िराक़ कि मैं मुस्करा दिया

---

(1940 ई.)

## 14

राज़ को राज़ ही रखा होता,
क्या कहना गर ऐसा होता।
हुस्न से कब तक पर्दा करते,
इश्क़ से कब तक पर्दा होता
कम कम उठतीं तेरी निगाहें
अक्सर खून-ए-तमन्ना होता।
कटते-कटते कटतीं रातें,
होते होते सवेरा होता।
रात की रात कभी मेरा घर,
तेरा रैन बसेरा होता।
इश्क़ ने मुझसे कमी की वरना,
मुझ पर तेरा धोका होता,
दुनिया दुनिया, आलम आलम,
होता इश्क़ और तन्हा होता।
दरिया दरिया, सहरा[1], सहरा
रोता, खाक़ उड़ाता होता।
आज तो दर्द-ए-हिज्र भी कम है,
आज तो कोई आया होता।
आज तो साज़े ख़मोश है आलम,
आज तो उस को पुकारा होता।
यह निरजन बन यह सन्नाटा,

---

1. जंगल

कोई पत्ता खड़का होता।
मैं हूँ दिल है तन्हाई है,
तुम भी जो होते अच्छा होता।
मेरी रगे-जाँ दुख जाती जो,
बाल भी तेरा बाँका होता।
तू अगर अपने हाथ से देता,
पैमाना, पैमाना होता।
आँख उठाकर जान गँवाके,
हुस्न का आलम देखा होता।
पर्दादारी-ए-ग़म भी है साक़ी
तूने हाल तो पूछा होता।
हम जो तुझे कुछ भूल भी जाते,
दर्दे-मुहब्बत दूना होता।
कुछ तो मुहब्बत करके दिखाती,
कुछ तो ज़माना बदला होता।
इससे तो ऐ जागनेवालो,
सोया होता, खोया होता।
इश्क़ तो चुप है, साज़-ए-मुहब्बत,
तेरी नज़र ने छेड़ा होता।
कोई भी कुछ दिल ही दिल में,
शर्माया पछताया होता।
मंज़िल मंज़िल दिल भटकेगा,
आज तुम्हीं ने रोका होता।
हम भी 'फ़िराक़' इन्सान थे आखिर,
तर्के-मुहब्बत से क्या होता।

---

जहाँ में थी बस एक अफवाह तेरे जलवों की,
चिराग़-ए-दैर-ओ-हरम[1] झिलमिलाय हैं क्या-क्या।

---

(1939 ई.)

1. काअबा

# 15

राज़े-आलम से है शायद कि मेरा राज़ जुदा,
मुझसे मिलने में है उस आँख का अन्दाज़ जुदा।
कोई ऐसा नफ़सों से भी हो दयसाज़[1] जुदा,
दिल का अन्दाज़ जुदा, साज़ जुदा, राज़ जुदा।
बदगुमान इश्क़ को सद वहम व यकीन के खटके
शोखी-ए-चश्मे-सुखन[2] साज़ है ग़म्माज़[3] जुदा।
यूँ ही क्या कम है तेरी याद कि दिल को छेड़ें,
जुल्फ पर ख़म, लब-ए-रंगीन निगह-ए-नाज़ जुदा।
उक्दः-ए-पैच व ख़मे-जुल्फ़ का खुलना मालूम,
राज़े-आलम से है यह सिलसिला-ए-राज़ जुदा।
तंगी व बुसअत कोनैन में निस्बत कैसी,
दरे-तोबा से दरे-मयकदा हो बाज़ जुदा।
आह-आ-ज़ारी से कभी साज़-ए-मुहब्बत न छुड़ा,
ख़म का अन्दाज़ जुदा, इश्क का अन्दाज़ जुदा।
हुस्न की शाने-तलब्बुन उधर एक आफते-जान,
वाहमेदिल के इधर तफ़रका परदाज़ जुदा।
बर्क़े-आवाज़ जलादे यह नीस्तान-ए-जहाँ,
साज़े-हस्ती से है साज़े-लब-ए-एजाज़ जुदा।
बढ़ते भी जाते हैं सब अहल-ए-जहाँ सूए अदम,
उम्र-ए-रफ़्ता भी दिये जाती है आवाज़ जुदा।

---

1. दोस्त 2. साहित्यकार की आँख की अदा 3. चुग़लखोर

पै ब पै उड़ते हुए होश के अन्दाज़ अलग
तर्ज़े-बर्क-ए-निगहे-हुस्न जुनूँ साज़ जुदा।
निगह नाज़ दिये जाती है पैग़ाम-ए-हयात,
मौत से खेल रहे हैं तेरे जाँबाज़ जुदा।
कुछ इशारे हैं इधर शोख़ी-ए-पिन्हा के फ़िराक़,
है सुकूते-निगहे-नाज़े-सुख़न साज़ जुदा।

(1936 ई.)

## 16

मौत का साज़ छेड़के कौन यह मुस्करा दिया
ख़ून-ए-बहार करके आज किसने चमन खिला दिया
हुस्न की खुदशनासियाँ इश्क़ की बेखुदी में थीं
तुझ को हरीम[1]-ए-नाज़ में मैंने तेरा पता दिया
ज़र्रों में कायनात के पहले यह थरथरी न थी
किस ने दिले-वजूद को राज़े-अदम[2] बता दिया
यूँ तो तेरा सितम भी था वजहे निशाते ज़िन्दगी
यूँ तो तेरे कर्म ने भी ग़म दिया, बारहा दिया
इश्क के इज़्तेराब[3] में पहले न थीं यह नर्मियाँ
सोज़े-निहाँ के भेस में कौन यह मुस्करा दिया
हुस्न की हर निगाह में नग़मा-ए-जाँ गुदाज़ था
साज़ को सोज़ कर दिया, यह ग़मे इश्क़ क्या दिया
आह किसी से छूट के वक़्त की तीरः बख़्ताँ
ग़म की शबे दराज़ ने सुबह का वास्ता दिया
हुस्न के हर एक तपाक में जज़्ब थी लाखों ग़फलतें
कौन किसी को याद था किस ने किसे भुला दिया
दिल की फ़सुर्दगी न पूछ इश्क़ की बेदिली न पूछ
हिज्रो-विसाल यार का जिसने हिज़ाब[4] उठा दिया
राह-ए-वफ़ा में वह निगाह रहज़न बेनियाज़ थी
जिसने जहाँ सब्र व होश लूट लिया, लुटा दिया

---

1. घर की चारदीवारी 2. परलोक 3. परेशान 4. परदा

इश्क़ की रौ में आगे हुस्न के कुर्ब व दीद भी
मेरी निगाहे शोक ने मुझको कहाँ छिपा दिया
हिज्र की शब तरस गई यूँ तो तेरे प्याम को
आज मगर फसाना-ए-दार[1]-ओ-रसन सुना दिया
परदे ही परदे में 'फ़िराक़' चोट यह कारगर हुई
ज़ख्मे निहाँ उस आँख के झुकते ही मुस्करा दिया

(1939 ई.)

1. फाँसी और सूली की कहानी

## 17

दामने-नाज़े-हुस्न ने सुनते ही दिल बुझा दिया
तीरगी-ए-हयात को इश्क़ ने जगमगा दिया
ग़म ही तो है बढ़ा दिया, दिल ही तो है दुखा दिया
इतने पर उस निगाह को लोगों ने क्या बना दिया
और निगाह-ए-शौक हो सर्फ-ए-जमाल[1] किस तरह
तेरी क़सम तुझ ही पर आज मैंने तुझे लुटा दिया
खुलते ही जा रहे हैं राज़ बढ़ते ही जा रहे हैं राज़
जब से तेरी निगाह ने एक प्याम सा दिया
मौत की तर्जुमानियाँ रश्क़े-सदाए-सूर[2] थी
ज़मज़माए-हयात भी ग़म ने तेरे सुना दिया
पिछले पहर तो कम से कम हिज्र में कुछ सुकून हो
हमने दिले-ग़रीब को रात रहे सुला दिया
इश्क़ की कसमयर्सियाँ चौक उठीं तड़प उठीं
तूने अजब अदा से आज दर्द का आसरा दिया
नर्गिसे-यार में न थीं दश्ते चमन की वहशतें
एक निगाह-ए-नाज़ ने रंगे जुनून उड़ा दिया
क्यों न गुलों को देखकर अश्क भर आये आँखों में
रूप तो अहल-ए-दर्द का रंग निशात का दिया
इश्क़ पर आज खुल गए दूरी व कुर्ब के फरेब
गुमशुदगी दीद ने यह भी हिजाब उठा दिया

---

1. खूबसूरती 2. क़यामत के रोज़ फूँका जानेवाला सूर

तेरी अदाये दिल वही दूर पहुँच रही है आज
जज़्ब निहाँ ने हुस्न को इश्क़ का हौसला दिया
मौजे-तबस्सुम निहाँ ! जिसने सुकूने इश्क़ का
सिलसिला-ए-दराज़े ग़म और भी कुछ बढ़ा दिया
बरक़े निगाह-ए-बे नियाज़ अपनी जगह अज़ल[1] से है,
शोर जहाँ भर में है फूँक दिया जला दिया
आँख चुरा रहा हूँ मैं अपने ही शौक-ए-दीद से
जलवा-ए-हुस्न बेपनाह तूने यह क्या दिखाया
राज़ न उसका खुल सका यूँ तो तेरी निगाह ने
दर्द उठा उठा दिया रंग उड़ा उड़ा दिया
जान निशात थी फ़िराक़ यूँ तो निगाहे-मेहरबान
किसको ख़बर उस आँख ने ग़म को भी ग़म बना दिया

(1939 ई.)

1. शुरू से मौजूद

## 18

कुछ अपना आश्ना क्यों ए दिलेनादान नहीं होता
के आये दिन यह रंगे-गर्दिशे-दौरान नहीं होता
रियाज़े दहर में झूठी हँसी भी हमने देखी है
गुलिस्तान दर बग़ल हर एक गुले खंदाँ नहीं होता
सुकून न रहते हैं रोकर भी तेरे वहशी
के दामने बयाबान दामने जानाँ नहीं होता
ख़ुशी के वास्ते पैदा हुआ है कौन दुनिया में
मगर हर गम भी अहले दर्द के शायां[1] नहीं होता
हम आग़ोशी भी चुटकी सी लिये जाती है सीने में
के यह अरमान भी निकला हुआ अरमाँ नहीं होता
बज़ा यह आह व ज़ारी चश्मे पुरनम भी बजा लेकिन
ग़मे हिज्राँ भी सुनते हैं ग़मे जानाँ नहीं होता
कभी पाबन्दियों से छुट के भी दम घुटने लगता है
दरो-दीवार हूँ जिसमें वही जिन्दाँ नहीं होता
उमड़ आये जो आँसू इनक़लाब उसको नहीं कहते
के नादान हर तमव्वुज[2] बहर[3] का तूफ़ाँ नहीं होता
वही है मिस्र में हर कूचा व बाज़ार की रौनक
मगर हर बिकनेवाला, यूसुफ़े-किनआँ नहीं होता
कभी तंग आके उसके हुस्न से इन्कार भी करले
कोई बेकुफ़्र के शाइस्ता-ए-ईमाँ नहीं होता

---

1. बराबर 2. लहर 3. समुद्र

निगाहे-आशना क्यों जानकर अन्जान बनती है
किये जा बे मुहाबा लुत्फ में शादाँ नहीं होता
निगाहे-शोक सब कुछ देखती है पर्दे पर्दे में
कहाँ नज़्ज़ारा-ए-शम्मः तहे दामाँ नहीं होता
ज़माने का हर एक मन्ज़र परिस्तान बनता जाता है
के उन आँखों का आलम आलम-ए-इमकान नहीं होता
यकीं लायें तो क्या लायें जो अश्क लायें तो क्या लायें
कि बातों में तेरी सच झूठ का इम्काँ नहीं होता
हमारा तज्रुबा यह है कि खुश होना मुहब्बत में
कभी मुश्किल नहीं होता कभी आसान नहीं होता
यह वह पर्दा है जो दोशीज़गी[1] को और चमकादे
सियाकारी से हुस्न आलूदा असयाँ नहीं होता
निगाहे अहले दिल से इन्कलाब आये हैं दुनिया में
यकीं रख इश्क़ बेसुर व सामाँ नहीं होता
शिकायत पर निगाहें शबनमिस्ताँ दर किनार उठीं
सकूँ या इज़्तराब ऐसे में कुछ आसाँ नहीं होता
वह साँचे में भी ढलकर जलबा बेनक़्श-ओ-सूरत हैं
ज़हे हुस्ने ! कि जिसमें फ़र्क़-ए-जिस्म व जाँ नहीं होता
बजा है ज़ब्त भी लेकिन मुहब्बत में कभी रोये
दबाने के लिए हर दर्द ओ नादान, नहीं होता
'फ़िराक़' एक-एक से बढ़कर चारा-ए-साज़े-दर्द हैं लेकिन
यह दुनिया है यहाँ हर दर्द का दरमाँ नहीं होता

(1941 ई.)

1. कुँवारापन

## 19

अहदो-पैमाने निहानी फिर सुना
वह नवेद-ए-शादमानी फिर सुना !
राज़े-मुर्गे-नागहानी फिर सुना
वह पयाम-ए-ज़िन्दगानी फिर सुना !
फिर बहुत बेकैफ़ हैं मौत-ओ-हयात
हाँ उन आँखों की कहानी फिर सुना !
हुस्न की वह बे कही इक दास्ताँ
आज उसे ए यारे जानी फिर सुना !
गौश पर आवाज़ है उम्रे-रवाँ
ज़िक्रे अय्याम-ए-जवानी फिर सुना !
साज़े हस्ती देर से अफ़सुर्दा[1] है
सोज़े-ग़महाये निहानी फिर सुना !
जो खते तक़दीर से भी निहाँ
हाँ ! वह पैग़ामे ज़बानी फिर सुना !
फिर सुकूने नेस्ती है बरक़रार
दर्दे हस्ती की कहानी फिर सुना !
ज़िन्दगी है इक सदाये बाज़ गश्त
हाले अहदे पास्तानी फिर सुना !
आँख उठाने की वह रंगीं दास्तान
मैं निसारे खुश बयानी फिर सुना !

---

1. उदासी

जो न भूली न जिस की याद है
ज़िन्दगी की वह कहानी फिर सुना !
नर्गिस गोया से अहले दीद का
हाले मर्गे नागहानी फिर सुना !
फिर निगाहों से प्यामे मर्ग दे
राज़े-उम्रे-जावदानी फिर सुना !
इन निगाहों से थीं जिनकी इब्तदा
फिर सुना हाँ वह कहानी फिर सुना !
मुस्कराकर आज रूठे हुस्न की
दास्ताने सरगिरानी फिर सुना !
आपबीती थी कि जगबीती फ़िराक़
जिसको यूँ तेरी ज़बानी फिर सुना !

---

मुहब्बत में मेरी तन्हाइयों के हैं कई उनवान
तेरा आना, तेरा मिलना, तेरा उठना, तेरा जाना

---

क्या इन्क़लाब ऐ दिले-नाशाद हो गया,
मज़बूर होके उन से मैं आज़ाद हो गया।

---

(1938 ई.)

## 20

यह निकहतों[1] की नर्म रवी, यह हवा, यह रात,
याद आ रहे हैं इश्क़ को टूटे तआल्लुकात।
जादू से जिन के राज़ बने सामने की बात,
उन आँखों के दिलों पै खुलें क्या मामलात।
मायूसियों की गोद में दम तोड़ता है इश्क़,
अब भी कोई बना ले तो बिगड़ी नहीं है बात।
कुछ और भी तो हो इन इशारात के सिवा,
यह सब तो ए निगाहे करम बात बात बात।
इक उमर कट गई है तेरे इन्तज़ार में,
ऐसे भी हैं कि कट न सकी जिनसे एक रात।
कब तक रहेगी आँख तेरी साज़ बे सदा[2],
हाँ टूट जाए अब यह सुकूते नज़र तो बात।
हम अहले इन्तज़ार के आहट पै कान थे,
ठण्डी हवा थी ग़म था तेरा, ढल चली थी रात।
यूँ तो बची बची सी उठी वह निगाहे नाज़,
दुनिया-ए-दिल में हो ही गई कोई वारदात।
उश्शाक़[3] ने सिरे से बदल दी मशीयतें,
जो हो सका वह कर गए अब उसके आगे बात।
जिन का सुराग़ पा न सकी ग़म की रूह भी,
नादान हुए हैं इश्क़ में ऐसे भी सानिहात[4]।

1. ख़ुशबू 2. बेआवाज़ 3. आशिक़ का बहुवचन 4. घटनाएँ

हर सई व हर अमल में मुहब्बत का हाथ है,
तामीरे ज़िन्दगी के समझ कुछ मुहरकात।
उस जा तेरी निगाह मुझे ले गई जहाँ,
लेती हो जैसे साँस यह बेजाने कायनात।
क्या नींद आए उससे जिसे जागना न आए,
जो दिन को दिन करे वह करे रात को भी रात।
दरिया के मद्दो जुज़्र[1] भी पानी के खेल हैं,
हस्ती के ही करिश्मे हैं क्या मौज क्या हयात।
अहले रज़ा में शाने बग़ावत भी हो ज़रा,
इतनी भी ज़िन्दगी न हो पाबन्दे रस्मियात।
हम अहले दिल हैं चश्मे करम से भी बेनियाज़,
सुन ए निगाहे पार अब आ पड़ी है बात।
हम अहले ग़म ने रंगे ज़माना बदल दिया,
कोशिश तो की सभी ने मगर बन पड़े की बात।
पैदा करे ज़मीन नई आसमान नया,
इतना तो ले कोई असरे दौरे कायनात।
उठ बन्दगी से मालिके तकदीर बन के देख,
क्या वसूसा[2]-अज़ाब का क्या काविशे निज़ात।[3]
शायर हूँ गहरी नीन्द में हैं जो हक़ीक़तें,
चौंका रहे हैं उनको भी मेरे तोहमात।
मुझ को तो ग़म ने फ़ुरसतेग़म भी न दी फ़िराक़
दे फ़ुरसते हयात न जैसे ग़मे-हयात।

---

ज़िन्दगी को भी मुँह दिखाना है
रो चुके तेरे बेकरार बहुत

---

(1942 ई.)

---
1. ज्वार-भाटा 2. विश्वास 3. छुटकारा

## 21

काविशे सुबह बहुत अब न ग़मे शाम बहुत
हो गया इश्क़ भी बेगाना-ए-अय्याम बहुत।
थी फ़क्त कैफ़ियत बादहकशी[1] तेरे साथ
यूँ तो उस दौर में गर्दिश में न थे जाम बहुत।
इश्क़ के सिदक़ो-सफ़ा रश्के जहाँ हैं लेकिन
कोई इल्ज़ाम दिया चाहे तो इल्ज़ाम बहुत।
आ ही जाती है मगर फिर भी मिटे दर्द की याद
गरचे है तर्के मुहब्बत में भी आराम बहुत।
दोशो[2] गर्दन के लिए हो गए छूटते ही वबाल
पर परवाज़ फड़कते थे तहे-दाम बहुत।
दिल ही दिल में कोई रह-रह के झिझक उठता है
सुनते हैं इश्क़ ज़माने में है बदनाम बहुत।
आँख पड़ते ही लबालब हुए पैमाना-ए-दिल
नीयत-ए-हुस्न नज़र आई मय आ शाम बहुत।
और भी दुनिया में काम हैं ग़मे उल्फत को
उसकी याद अच्छी नहीं ए दिले-नाकाम बहुत।
इश्क़ के दर्द का खुद इश्क़ को अहसास नहीं
खिंच गया बादा से भी दर्दे तहे जामे बहुत।
लाखों पैग़ाम फना लाखों तकाज़ा-ए-बक़ा[3]।
ज़िन्दगी है तो मुहब्बत के लिए काम बहुत।

---

1. शराब पीना 2. कन्धा 3. ज़िन्दगी

मुद्दतों से है वही ग़मकदा-ए-इश्क़ का रंग
जा पड़ी दूर मगर गर्दिशे अय्याम बहुत।
यह भी साकी बस एक अन्दाज़े सिया मस्ती था
कर चुके तौबा बहुत तोड़ चुके जाम बहुत।
यासो उम्मीद से वायदे को तेरे क्या निसबत
तूल अब खैंच चुकी सुबह शाम बहुत।
कौन अन्जाम बताये जो यही रंग रहा
महरवाँ हुस्न बहुत इश्क़ भी नाकाम बहुत।
उस तेरे तरके-ज़फ़ा तरके-तग़ाफुल के निसार
इश्क़ ज़िन्दा है तो दुनिया में है आलाम बहुत।
साथ क्या रखते दिले तफ़्रिका[1] परवाज़ कि था
निगाहे-शौक को वह जलवा लबें बाम बहुत।
इश्क़ आगाज़[2] ही आगाज़ सरासर निकला
आह वह दिल के रहा माइले अंजाम बहुत।
लेकिन इक शिक्वः-ए-बेनाम को क्या कीजिए 'फ़िराक़'
बावफ़ा हुस्न बहुत, इश्क़ भी खुश काम बहुत।

(1937 ई.)

1. भेदभाव 2. आरंभ

## 22

आज मर्गो-ज़ीस्त[1] से मायूस है यह कायनात
आह ! ऐ जाने ममात और ऐ हयातों की हयात
जलवागर होता है कोई रसमसाती है हयात
टूटता है मुद्दतों के बाद ख़्वाबे कायनात
हुस्न का जादू जगाए इक ज़माना हो गया
ऐ सुकूते-शामे-ग़म फिर छेड़ इन आँखों की बात
ज़िन्दगी को ज़िन्दगी करना कोई आसाँ न था
हज़्म करके ज़हर को करना पड़ा आबे-हयात
सुल्हे-कुल वह क्या ? जो सरासर न हो शाने-ज़िहाद
ज़िन्दगी को यूँ न करना दान सर्फे-रस्मियात
पेश ख़ेमा नज़्मे-नौका है यह दौरे-कुश्तो ख़ूँ
मौत के हाथों सजाई जाएगी बज़्मे-हयात
जा मिली है मौत से आज आदमी की बे हिसी
जाग ए सुबहे-क़यामत उठ अब ए दर्दे-हयात
सिर उठा हाँ सिजदाहे-दैरो-हरम से सिर उठा
वह झलकती है उफुक पर आस्ताने-कायनात
या खुदा हो या फ़िरिश्ते या बहायम या बशर
बस मुसलसल मिटते ही रहने में है राज़े-सबात
फ़र्क़ करना नूर और जुलमत में मुश्किल हो गया
उस ग़ज़ाले-मस्त से पूछो कोई दिन है कि रात

---

1. मरना-जीना

क्या हुआ कुछ भी नहीं और यूँ तो सब कुछ हो गया
मानी बे लफ़्ज़ है ऐ दोस्त दिले की वारदात
मेरी बातें सुनके आँखों में नमी सी देख ले
काफ़िरो-दीनदार से सुन दहरयात व दीनिमात
मैंने इस आवाज़ को पाला है मर-मर के 'फ़िराक़'
आज जिस की नरम लौ है शम्मे-महराबे-हयात

---

तेरी बातें हैं कि नग़में तेरे नग़में हैं कि सेहरे
ज़ैब देते हैं 'फ़िराक़' औरों को कब यह क़ुफ़्रियात[1]

---

(1943 ई.)

1. काफ़िर की बातें

## 23

छिड़ गई उन आँखों की बात,
दुनियाँ में अब दिन है कि रात।
तो और ठहरे रात की रात,
सच है बन आए की बात।
वाज़ी-ए-इश्क़ की पूछ न बात,
जीत की जीत है, मात की मात।
सुख ही सुख हो जहाँ दिन-रात,
उस जन्नत से ढूँढ़ निजात।
काली घटा अँधेरी रात,
सावन मास भरी बरसात।
कटते-कटते कटती है,
घटती बढ़ती वियोग की रात।
प्रेम की दुनिया क्या दुनिया है,
इस नगरी में दिन है न रात।
रख-रखाव उस आँख का देख,
चुप की चुप और बात की बात।
अपना देस भी अब है बिदेस,
अपनी ख़बर भी दूर की बात।
खड़ी दोपहर गोरा रूप,
काले बाल भरी बरसात।
रम्ज़ो-किनाया की है जान,
उसकी सीधी-सादी बात।

ऐ दिल दर्द से यूँ न तड़प,
कुछ तो सम्भल ऐ मर्द की ज़ात।

कोमल रूप नूर में डूबा,
जोबन पर है चाँदनी रात।

हिज्र में पहली निगाह का ज़िक्र,
कब याद आई कब की बात।

कातिल उस को कौन कहे,
हँसमुख आँखें कोमल गात।

पोंछ यह जलते-जलते आँसू,
देख यह भीगी-भीगी रात।

आलम अन्दर आलम है,
एक ज़ात अनगिनत सिफ़ात।

मान न मान तेरा मेहमान,
सुन ऐ इश्क़ हुस्न की बात।

दुनिया-दुनिया इश्क़ की दुनिया,
काफ़िला है या शिव की बरात।

अच्छी नहीं उस ज़ुल्फ़ की याद,
डस न ले तुझको रात बिरात।

तेरी ख़ातिर गर्दिशे चर्ख[1]
किस का दिन है किसकी रात।

चाल न चलने तक है ख़ैर,
चाल आते ही बाज़ी मात।

जीने वाले जी लेंगे,
अब न मिलोगे, अच्छी बात।

उड़ी नींद से पूछ 'फ़िराक़',
आई होगी कितनी रात।

(1941 ई.)

1. आकाश की गति या उलटफेर

## 24

ज़माले-यार में शाने-ख़्याले-यार है आज,
विसालो-दीद में भी रंगे इन्तज़ार है आज।
कुछ इस तरह निगहे-यार शर्मसार है आज,
सुकूने-ग़फलते-हस्ती भी बेक़रार है आज।
जुनूने-इश्क़ भी फिरदोस दरकिनार है आज,
कि तार तारे गिरेबाँ में बू-ए-यार है आज।
हर एक निग़ाह में ग़फ़लत भी कश्फ़े राज़ भी है,
यह क्या करिश्मा-ए-चश्म-ए-सियाह कार है आज।
कल उसको हुस्न के जलवे भी हो रहेंगे नसीब,
जो सोज़े-इश्क़ से बेताब शोलावार है आज।
चमन में खोये हुए से हैं रंगो-बू वाले,
बहारे-बाग़ भी गुम कर्दा-ए-बहार है आज।
कुछ आचला ग़मे-फ़ुरक़त में रंगे-बेख़बरी,
तेरा भी होश बा अंदाज़ा-ए-खुमार है आज।
निसार-पुरसिशे[1]-ग़म के तेरे करम के निसार,
न जाने क्यों दिले-अफ़सुर्दा बेक़रार है आज।
निबाहे जाते हैं आदाबे-मयकशी वरना,
न कोई मस्त है साकी न होशियार है आज।
उठा-उठा निगाह-ए-आशनाए सुबहे-हयात,
गिराँ दिलों पे बहुत दौरे रोज़गार है आज।
निगाहे-लुत्फो-करम से मैं मुतमईन था मगर,

1. पूछताछ

कुछ और मसलहते-हुस्ने ताज़ाकार[1] है आज।
यह तेरी रंजिशे-बे जा हर एक की जान से दूर,
हरीमे-नाज़ में जो है गुनहगार है आज।
कभी वह आईना दारे-बहार भी होगा,
चमन में सरबगिरेबाँ जो गुंचावार है आज।
मताअ-ए-दर्द-ए-निहाँ थी दिले-हज़ीं में जहाँ,
उसी तरफ निगहे-यारे-ग़मगुसार है आज।
यह क्या हुआ कि दिले-कुश्ता-ए-तग़ाफ़ुल पर,
इनायते-निगहे-शौक़ बार-बार है आज।
किसी की याद में यह लर्ज़िशे-ख़फ़ी कैसी,
सुकूने-इश्क़ से क्यों हुस्न बेकरार है आज।
नियाज़े-इश्क़ की मज़बूरियाँ कुछ और बढ़ीं,
वह कह रहे हैं, "तुझे सब कुछ इख़्तयार है आज"।
न बेख़बर है न हुशयार, शर्मगीं है न शोख
अजीब कैफियते-चश्मे-मस्ते-यार है आज
निगाहे-यारे-तग़ाफ़ुल शआरियों के निसार,
तेरा करम तेरी पुरसिश भी नागवार है आज
जुदाअज़ दैरो-हरम, हस्ती व अदम से परे
निगाहे-शौक में एक और जलवाज़ार है आज।
न कोई वादा, न कोई यकीं, न कोई उम्मीद,
ख़बर नहीं मुझे क्यों तेरा इन्तज़ार है आज।
मेरी तरफ़ यह निगाहे जहाँ शनास तेरी,
यह कौन उश्वा-ए[2]-यकताए रोज़गार है आज।
लरज़ रही है फ़िज़ा आलमे-मुहब्बत की,
कुछ इस तरह निग़हे-यार शर्मसार है आज।
'फ़िराक़'-राज़े-सुकूते-ज़ुबाँ दराज़ न पूछ,
ख़िताबे-हुस्न बाअन्दाज़े इख़्तसार[3] है आज।
उस नज़ाकत की क़सम ज़िद में है जिसकी आलम,
मार वह मार मुहब्बत में कि रोते न बने।

(1935 ई.)

1. नया काम करनेवाला 2. करिश्मा, नाज़-व-अदा 3. छोटा करना

## 25

दिलों का सोज़ तेरे रु-ए-बेनक़ाब की आँच,
तमाम गर्मी-ए-महफ़िल तेरे शबाब की आँच।
सवाबे[1]-खुल्दे-बरीं क्या अज़ाबे-दोज़ख क्या,
तेरे ख़िताब की ठण्डक तेरे इताब[2] की आँच।
हरीमे-इश्क़ के पर्दों से लौ निकलती है,
यह सौज़ों-साज़ है किस नग़मा-ए-रबाब की आँच।
लहकते सब्ज़े में अब्रे-बहार की मस्ती,
दहकते फूल में छलकी हुई शराब की आँच।
यह कैफ़े-हुस्न यह बर्क़े-निगाह, क्या कहना,
लगा दे आग न इस दामने सिहाब की आँच।
चढ़ा के साग़रे मय जगमगा उठे चेहरे,
सिमट के आ गई सीनों में आफ़ताब की आँच।
पनाह माँग रही है हरी भरी दुनिया,
न पूछ आहे-दिले ख़ानुमा-ख़राब[3] की आँच।
यह अगले वक़्तों के हैं खुश हैं बाग़े-जन्नत में,
उन्हें ख़बर ही नहीं क्या है उस सवाब की आँच।
यह आ गया है यहाँ कौन काफ़िरे-मासूम
कि ठण्डी पड़ गई दोज़ख के भी अज़ाब की आँच।
जिसे समझते हैं सब मौजे-क़ौसर व तसनीम[4]
वह आईना भी है तपते हुए सराब[5] की आँच।

---

1. पुण्य 2. क्रोध 3. बरबाद घर 4. स्वर्ग की नहरें 5. रेत

सहर की ताज़ा दमी चढ़ती धूप की गर्मी,
तेरी निगाह की ठण्डक तेरे शबाब की आँच।
रुकी रुकी सी लबे-शौक पर है अर्ज़े-विसाल
कि फूँक दे न तेरे ज़ेरे-लब जवाब की आँच।
यही है गर्मी-ए-महफिल यही है रौनके-बज़्म,
निगाहे नाज़ तेरे ज़ौके-इंतिख़ाब की आँच।
यह रात आग लगा दे कहीं न दुनिया में,
यह चाँदनी, यह हवाएँ, यह माहताब की आँच।
शुआएँ फ़ूट के जैसे फ़िज़ा में गुम हो जाएँ,
छलकते जाम में यह चश्मके-हुबाब[1] की आँच।
सवारे-अबलक़े[2]-अय्याम मौसमे-गुल है,
चमन के शोले हैं या हलक़ा-ए-रकाब की आँच।
यह महरो-माह भी उड़ते हुए शरारे हैं,
के अर्श[3] तक है, मुहब्बत के पैचो-ताब की आँच।
समेट रखे हैं रूहुल-क़ुदस ने पर अपने,
पहुँच रही है कहाँ तक इस इज़्तिराब की आँच।
'फ़िराक़' वक़्त के रुख़ से उलट रही है नक़ाब,
ज़मीं से ताबफलक़ है इस इन्क़लाब की आँच।

(1943 ई.)

1. बुलबुला 2. दिन-रात 3. आकाश

## 26

उठ रही है नर्गिसे-शहला[1]-ए-यार
है फ़िज़ा तस्वीरे-शाम इन्तज़ार
क्यों दिले-अहले-जुनूँ में बार बार
उतरी जाती है सदाये-गीरोदार[2]
एक हो जाएगा वस्ल-ओ-हिज्रे यार
आ रहेगा वह भी दिन हिम्मत न हार
अपने साये से बचेगा इश्क़े-यार
और होने दे जुनू[3] को बे क़रार
ताबिशे-रुख़ जलवा-ए-सुबहे चमन
शामे-सहरा ख़म बे ख़म गैसुये यार
आँख में वह रोए रंगीं दिल उदास
अब न आती है न जाती है बहार
संगो आहन बेनियाज़े-ग़म नहीं
देख हर दीवारो-दर से सर न मार
काश नाज़े-यार इतना जानता
शर्त है ख़ूने-ज़िगर गुल हो कि ख़ार
बे नियाज़ शिकवा था ग़म का सुकूत
हुस्ने बरगश्ता, मुहब्बत शर्मसार
गर्दिशे-दौराँ से दिल डरने लगा
बढ़ चला है हद से तेरा ऐतेबार

1. बड़ी आँख 2. पकड़-धकड़ का ऐलान 3. दीवानापन

मस्तियों में यक ब यक आना हिजाब
जैसे छाए झूमकर अब्र-ए-बहार
मुन्तज़िर है सुबह, ले अंगड़ाइयाँ
ऐ जहाँने-रंगो-बू तुझ पर निसार
भूलते हैं यूँ भी पैमाने-वफ़ा
याद कर कुछ ऐ निगाहे-शर्मसार
क्यों किया पास दिले-उजलत[1] पसन्द
जिसकी हस्ती है सरापा इन्तज़ार
दर्स-ए-इब्रत[2] है निशाते-इश्क़ भी
चश्मे तर, शोरीदा सिर, सीना फ़िगार
'हुस्ने-लैला अक्से-रुखसारे[3] मन अस्त'
कौन समझे राज़े-इश्के बे-क़रार
शोख़ियों में जलवा-हाये सुबहे-हशर
मस्तियों में आलमे-शुबहाये तार
मिट चली हैं इश्क़ की अब ग़फ़लतें
होशियार-ऐ-चश्मे-जानाँ होशियार
सामना है उसके जलवों का 'फ़िराक़'
जिसका छुपना भी है बर्क़े-बेक़रार

(1938 ई.)

1. जल्दी 2. नसीहत 3. गाल

## 27

सौ सकूत[1] व तमकिनत तुझ पर निसार,
कुछ तो कह सुन ऐ निगाहे-शर्मसार
क़ुर्ब-ए-दूरी मावराऐ[2]-हुस्ने-यार
लज़्ज़ते दीदार, कैफ़े-इन्तज़ार
सर बसर एक मौजे-बक्रे-बे-क़रार
क्या तक़ल्लुम, क्या तबस्सुम, क्या शुआर
इन्तज़ार और वह भी तेरा इन्तज़ार
आ गया बीमारे-ग़म को भी क़रार
मिट चला फर्के-सुकून व इंतशार[3]
आ गया शायद मुहब्बत का दयार
शोखिए-बर्क़े-निगाह बे क़रार
एतबारे-हस्ती-ए- नापाएदार
अब क़यामत और कहते हैं किसे
उफ़, यह क़ामत, यह जवानी, यह उभार
मुज़्तरिब[4] भी, पुरसुकूँ भी, गुम भी इश्क़
शोलादार, आईना दार, आशफ़ता[5] दार
इश्क़ को इतना है क्यों नाज़े-जुनूँ
हुस्न भी होता रहा है संगसार
ज़िन्दगानी के लिए क्यों हो गई,
दामने-दिल की हवा नासाज़गार

---

1. शांति 2. समीपता और दूरी से परे 3. बिखराव 4. परेशान 5. परेशान

इश्क़े-सरतापा सुकूँ दायमी[1]
अक़्ल के हाथों गिरेबाँ तार-तार
चाल कुछ उस बर्क़े-जोलाँ की न पूछ
जिस का रुकना है क़यामते-आशकार[2]
बे मुहाबा इन्कलाब आने को है
होशियार ऐ अहले-दुनिया होशियार
इश्क़ की दुनिया हयात अन्दर हयात
आलमे इमकाँ[3] मज़ार अन्दर मज़ार
उस निमाहे-नाज़ का आलम न पूछ
जिसमें ख़्वाबीदा है दौरे-रोज़गार
ख़्वाब आलूदा[4] निगाहों की क़सम
बन हरीफ़े-शाहिदे-शबे-ज़िन्दादार
हर अदा में आलमे-सुबहे-विसाल
हर निगह में कैफ़े-शामे-इन्तज़ार
रात दिन क्या ख़्वाबे-उक़बा देखना
रहती दुनिया से कभी होले दो चार,
वह हवा बदली कि है अब इश्क़ की
शादमानी वक़्फ़े-हुस्ने-सौगवार
नाला-ए-दर्दे 'फ़िराक़े' दोस्त कर
गर न बिखरें गेसूए-शबहाय[5]-तार
ऐ 'फ़िराक़' ऐसी भी क्या दारफ़तगी[6],
यार को पाकर यह दर्दे-हिज्र-ए-यार

(1938 ई.)

1. स्थायी शांति 2. स्पष्ट 3. संभावना 4. स्वप्न में डूबा 5. रातों के 6. बेखुदी

## 28

इश्क़ को खुद पर नहीं अब ऐतबार
ऐ तेरा रंगे-तलब्बुन बरक़रार
मिट चले हैं दिल से नक़शे-हुस्ने-यार
क्या हुआ ऐ इन्क़लाबे-रोज़गार
उठ चला है अब हिजाबे-इन्तज़ार
यूँ ही कुछ दिन और ऐ ताख़ीरे[1]-यार
रुए-ख़न्दाँ ग़ैरते-सुबहे-बहार
चश्मे-पुरनम शामे-अंजुम दरकिनार
इश्क़ हो बेगाना उम्मीदो-यास
यूँ न उठना ऐ निगाहे-ग़मगुसार
इश्क़ तो है ता अबद हिजराँ नसीब
हुस्न में भी क्यों है रंगे-इन्तज़ार
मुझको यह हैरत है क्योंकर बन गया
दाग़े-फ़ुर्क़त हुस्न का आईनादार
जुहदे-ज़ाहिदे खुल्द की मोहूम उम्मीद
हर गुनाहे आशिक़ी यज़दाँ शिकार
ज़र्रा-ज़र्रा आफ़ताबे-रोज़े-हश्र
क़तरा-क़तरा बहरे-नापैदा किनार
अब मुहब्बत की फ़रावानी न पूछ
जिस तरफ़ आँख उठ गई दीदारे-यार।

---

1. विलम्ब

आतिशे-गुल सौज़ो-साज़े अंदलीब
निकहते गुल नग़मा-ए-सौते हज़ार
सादगी में जलवा-ए-सुबह अज़ल
शोखियों में गर्मी-ए-रोज़े शुमार
इश्क़ को कर सर बे सर राज़े-नमू
ए बहारे-गुलशने बे बर्ग[1]-ओ-बार
अब मनाते हैं तेरे मेहरूमे-लुत्फ़
नेसती की ख़बर, हस्ती दरकिनार
इज़तराबे-ज़िन्दगी यकसर जुमूद
और सुकूने-जाँ सरापा इन्तशार
फित्ने उठते हैं अज़ल से ता अबद
ज़िन्दगी किस शोख़ की है रहगुज़ार
बे सरो-सामान मुहब्बत हो चली,
बढ़ते जाते हैं जुनूँ के कारोबार।
है अज़ल से वह निगाह पुर सुकूँ,
परदा दारे-गर्दिशे-लैलो-नहार
बैठे-बैठे किसका ध्यान आया 'फ़िराक़'
दिल उमड़ आया है जो पैमाना दार

(1938 ई.)

1. बिना पत्तों और फलों के

## 29

अब सुकूने-यास[1] भी है बेक़रार
उफ़ तेरी हमदर्दी-ए-बेगाना बार
बाज़ पुर्स एक ज़हमते-नाखुशगवार
किसको है पर्वा-ए-इश्क़े-शे मिसार
सुबह अक्से-जलवा-ए-रूये निगार
रात मौजे-निकहते[2] गेसुए यार
है दिले-मंसूर की आइनादार
कूए-जानाँ की हवा-ए-साज़गार
रश्के-जन्नत हर गुले-ज़ख़्मे-जिगर,
दिल ग़मे-कौनीन[3] का सरमायादार
एहतियाते-शौक़ अन्दाज़े जुनूँ
होश भी इक लग़ज़िशे मस्तानाबार
तेग़ अन्दर तेग़ अदा-ए-बर्क़े-हुस्न
कारवाने-दिल क़तार अन्दर क़तार
रसमसाहट सुबह की रुख़सार[4] में
अंखड़ियों में रंगे-शामे-इन्तज़ार
यह तेरी हुशियारियाँ सरशारियाँ
बाख़बर आँखें निगाहें पुरखुमार
चौंक उठी बेनियाज़ी इश्क़ की
आज तू याद आ गया बे इख़्तियार

1. निराशा 2. खुशबू 3. दोनों दुनिया 4. चेहरा

फिर हरे हैं इश्क़ के ज़ख्मे-कुहन[1]
रंग फिर लाया है हुस्ने ताज़ाकार

इश्क़ का कुछ चारा-ए-ग़म कर के किया
ऐतबारे-गिर्या बे इख़्तियार

कोह[2] व सहरा में भी यह दरमान्दगी
यह भी हैं शायद तेरे ग़म दौस्तदार

जाँ फ़िज़ाँ कैफ़े-निगाहे-शर्मगीं
नश्तरे-पिन्हाँ दिले-हस्ती फ़िगार

ख़ैर तुझसे तो जुनूँ मानूस है
मस्तियाँ तेरी हैं किसकी पर्दादार

थी निगह उसकी पयाम अन्दर पयाम
याद कर कुछ ए दिले-ग़फ़लत शआर

हुस्ने-ताबाँ की ज़बीं[3] पुरसुकूँ
जैसे सो जाए हयाते-बे-क़रार

फ़ित्नः दर फ़ित्नः नज़र की सादगी
शोख़ि-ए-पिन्हाँ बहार अन्दर बहार

है अजब तेरी मुहब्बत भी फ़िराक़
बे ख़बर, बेगाना वश, दीवानावार

(1938 ई.)

1. पुराने ज़ख्म 2. पहाड़ 3. माथा

## 30

इज़्तिराब-ए-आशिक़ी तुझ पर निसार
किस का ग़म है ऐ निग़ाहे-नाज़े-यार

बज़्मे-इमकाँ है सरापा इन्तशार
इश्क़ के दिल में भी था कितना गुबार

अब कहाँ वह दर्दे-वस्लो-हिज्रे-यार
भूल बैठा तुझको इश्क़े-बे क़रार

इश्क़ है कितना सुबक-रूहे नदीम
बारे-ख़ातिर हो गया अहसाने-यार

लर्ज़िशे-पिन्हाँ सी है इफलाक़ में
चाल पर तेरे सितारे भी निसार

होशो-मस्ती से गुज़र जा इश्क़ में
सुन पामे-नर्गिसे-रानाए-यार

कुछ नहीं नाक़ामियाँ खुशकामियाँ
एक फसाना है यह जब्र-ओ-इख़्तियार

इज़्तिराब-ए-इश्क़ रुसवा हो चला
उठती चल अब ऐ निगाहे-शर्मसार

और ही अन्दाज़ से दे दर्स-ए-ज़ब्त
और ही उनवान से कर बेकरार

भूल जाते हैं जहाँ के वाक़ेआत
याद आते हैं तेरे कौलो-क़रार

मावरा-ए-मुश्किल व आसाँ है इश्क़
कुछ नहीं होने का नादाँ सिर न मार

खुल चले कुछ कुछ रमूज़े-ज़िन्दगी
तुझको देखा ऐ निगाहे-लुत्फ़े-यार

एक आलम है सुकूने-शाम-ए-हिज्र
आ गया चलती हवाओं को क़रार

उफ़ खुलूसे-हुस्न की नारंगियाँ
सच बताओ किसको तुम करते हो प्यार

सब करिश्मे हैं सुकूत-ए-नाज़ के
नज़्मे हस्ती हश्र का हंगामा ज़ार

शर्ते-उल्फ़त किया बस एक शर्ते सुकूत
जान जाती है तो जाये दम न मार

हुस्न की अंगड़ाइयाँ याद आ गईं
जैसे टूटे बादा-ए-ग़म का ख़ुमार

अपने मर्कज़ पर हैं अब ज़र्राते-दिल
दूर पहुँचा तेरे ग़म का इन्तशार

बेनियाज़े-नेस्ती भी कर दिया
उन हया परवर निगाहों के निसार।

हुस्न खुद अब हुस्न के बस में नहीं
क्या किया यह ऐ दिले-नाकर्दा कार

यूँ भी देखा है फ़िराक़े-ज़ार को
आँख पुरनम हाथ में दामाने-यार

(1938 ई.)

## 31

तमाम[1] कैफ़े-ख़मोशी तमाम नग़्मा-ए-साज़
नवाये[2] राज़ है ए दोस्त या तेरी आवाज़
मेरी ग़ज़ल में मिलेगा तुझे वह आलमे-राज़
जहाँ हैं एक अज़ल से हक़ीक़त और मजाज़

वह ऐन मेहशरे-नज़ारा हो के[3] ख़लवते राज़
कहीं भी बन्द नहीं है निगाहे-शाहिद बाज़
हवाएँ नींद के खेतों से जैसे आती हों
यहाँ से दूर नहीं है बहुत वह मक़्तले-नाज़

यह जंग किया है लहू थूकता है नज़्मे-कुहन
शगूफ़े और खिलाएगा वक़्ते-शोब्दा-बाज़
मशीय्यतों[4] को बदलते हैं ज़ोरे-बाज़ से
'हरीफ़े-मतलबे मुश्किल' नहीं फसूने-नियाज़

मा'ले-इश्क़ से ऊँचा बहुत था इश्क़ उनका
मा'ले-इश्क़ से ख़ायफ़ न 'ग़ज़नवी' न 'अयाज़'
अज़ल से सीना-ए-जिब्राईल जिससे है मेहरुम
कफ़स में पाल रहा हूँ वह हसरते-परवाज़

भ्रम तो क़ुरबते-जानाँ का रह गया क़ायम
ले आड़े आ ही गया चर्खे-तफरक़ा परवाज़
निगाहे-चश्मे-सिया कर रही हैं शरहे-गुनाह
न छेड़ ऐसे में बेहसे-जवाज़ो-ग़ैर-जवाज़

1. दशा 2. आवाज़ 3. एकांत 4. ईश्वर की इच्छा

यह मौजे-निकहते-जाँबख़्श यूँही उठती रहे
बहा-रे-गैसूये-शब रंग तेरी उमर दराज़

यह है मेरी नई आवाज़ जिसको सुनके हर एक
कहे कि यह तो है कोई सुनी हुई आवाज़

हरीफ़े-बज़्मे-चिरागाँ है नग़मा-ए-ग़मे-दोस्त
कि थरथराते हुए देख उठे वह शोला-ए-साज़

'फ़िराक़' मंज़िले जानाँ वह दे रही है झलक
बढ़ो कि आ ही गया वह मुकामे-दूरो-दराज़

(1943 ई.)

## 32

लबे-जानाँ हैं फिर तबस्सुम रेज़
हो गयी नब्ज़े-क़ायनात भी तेज़
निगहे-नाज़ के भी साज़ न छेड़
यह भी है एक सदाये दर्द अंगेज़
हैं वही परदा दारे-सबरो-सुकूँ
ख़ामुशी जिन की है क़यामत ख़ेज़
कीजिए क्या जो हो यह सूरते-हाल
इश्क़ बेताब हुस्न कम आमेज़
रुख़सत ए मिल्लते कुहन के तेरा
हो गया जामे-ज़िन्दगी लबरेज़
कशिशे-हुस्ने-यार आलमगीर
इश्क़ को अपनी ज़ात से भी गुरेज़
उफ़ सिया कारयाँ निगाहों की
आह अन्दाज़े-गेसुए शब रेज़
दौरे-इन्सानियत की शान तो देख
गर्द है आज सुतूते[1]-चंगेज़
ले उड़ी कायनात बरके-जमाल
तूसिने-नाज़ को न कर मेहमीज़[2]
हिज्र एक दर्द इन्बसात आगीं
वस्ल भी एक निशाते-ग़म आमेज़

---

1. आफ़त 2. जूते की ऐड़ी लगा लोहे का काँटा जिससे घोड़े को एड़ लगाते हैं।

देख सीने में पड़ न जाये लकीर
है यह सहबाए-इश्क़ तन्द और तेज़

देख रफ़्तारे-इन्कलाब-'फ़िराक़'
कितनी आहिस्ता और कितनी तेज़

---

(1937 ई.)

# 33

शोरिशे-क़ायनात है ख़ामोश
मौत है ज़िन्दगी के दोश-बदोश
है तुझ ही पर निसार मस्ती व होश
कुछ तो ले चैन ए दिले-ग़म-कोश
आ बेहरे-हयात[1] का यह जोश
आज फरदाये-आख़िरत भी है दोश
क्या यह बेताबी-ए-ख़िताबो-कलाम
ज़िन्दगी ख़ुद है एक प्यामे-ख़मोश
रसनो[2]-दार आज लरज़ाँ हैं
ज़र्रा ज़र्रा है मेहरे दर आग़ोश
इश्क़ की ख़ुद नुमाइयाँ जिन की
ख़ुद है बरके-ज़माल परदा पोश
एक भी तो सँभल नहीं पाता
ज़िन्दगी है कि बादा-ए-सर जोश
और आलम है दिल दुखों का तेरे
अब वह ज़ोमे-जुनू न शेरिसे-होश
दिन के हंगामे एक शोरिसे-ग़ैब
रात की ख़ामुशी प्यामे-सरोश
तुझसे ए रस्म व राहे-नज़्मे-कुहन
ज़िन्दगी हो चली है क्यों रूपोश

1. जीवन सागर 2. रस्सी और फाँसी

अब तो वह सोज़ो-साज़ भी न रहा
बज़्म बरखास्त, शमे-बज़्मे ख़मोश

जलवा-ए-मेहरे-इन्क़लाब न पूछ
उड़ गए जुल्मते-हयात के होश

हुस्ने-सुबह अज़्ल की शान 'फ़िराक़'
इश्क़ की बेखुदी क़यामत कोश

(1937 ई.)

## 34

यह नरम नरम हवा, झिलमिला रहे हैं चिराग़
तेरे ख़्याल की ख़ुशबू से बस रहे हैं दिमाग़
दिलों को तेरे तबस्सुम की याद यूँ आई
के जगमगा उठें जिस तरह मन्दिरों में चिराग़
झलकती है खिंची शमशीर में नई दुनिया
हयातो-मौत के मिलते नहीं हैं आज दिमाग़
हरीफ़े-सीना-ए-मजरूह व आतिशे-ग़मे-इश्क़
न गुल की चाक गिरेबानियाँ न लाले के दाग़
वह जिन के हाल में लौ दे उठे ग़मे-फ़र्दा[1]
वही हैं अन्जुमने-ज़िन्दगी के चश्मो-चिराग़
तमाम शोला-ए-गुल है तमाम मौजे-बहार
के ता हदे-निगहे-शौक लहलहाते हैं बाग़
नई ज़मीन, नया आसमान, नई दुनिया
सुना तो है के मुहब्बत को इन दिनों हैं फ़राग़
जो तोहमतें न उठीं एक जहाँ से उनके समेत
गुनाहगारे-मुहब्बत निकल गये बे दाग़
जो छुपके तारों की आँखों से पाँव धरता है
उसी के नक्शे-कफ़े पा से जल उठे हैं चिराग़
जहाने राज़ हुई जा रही है आँख तेरी
कुछ इस तरह वह दिलों का लगा रही है सुराग़

---

1. आनेवाला कल

ज़माना कूद पड़ा आग में यही कहकर
के खून चाट के हो जायेगी यह आग भी बाग़

निगाहें मतलए-नो पर हैं एक आलम की
के मिल रहा है किसी फूटती किरन का सुराग़

दिलों में दाग़े-मुहब्बत का अब यह आलम है
के जैसे नींद में डूबे हों पिछली रात चिराग़

'फ़िराक़' बज़्मे-चिरागाँ हैं मेहफिले-रिन्दाँ
सजे हैं पिघली हुई आग से छलकते अयाग़[1]

(1943 ई.)

1. प्याला

## 35

ख़्याले-मर्ग कब तक ज़िन्दगी का दर्दे सिर कब तक,
यह माना सब्र करते हैं मुहब्बत में मगर कब तक।

निगाहे-शोक का होता है खुद हम पर असर कब तक,
उतरता है जिगर में देखिए यह नेश्तर कब तक।

वबाले-दोश से कुछ हो चले हैं, इन फ़िज़ाओं में,
मेरी परवाज़ में हायल रहेंगे बाल-ओ-पर कब तक

कहाँ का वस्लो-फुर्कत इश्क़ है बस मुंतज़िर इसका,
हिजाबे[1]-हुस्न बढ़कर हुस्न का हो पर्दा दर कब तक।

ख़्याले-ज़ुल्फ व रुख़, ऐ अहले-ज़न्दाँ होश में आओ,
दयारे[2]-हुस्न की यह शाम कब तक यह सहर कब तक

दयारे-दोस्त हद होती है आखिर दिल बहलने की,
न याद आए ग़रीबों को तेरे दीवार व दर कब तक।

मिटाता जाएगा दिल कोई कब तक नर्म नज़रों से,
चलाता जाएगा कोई यह तीरे-बे ज़र कब तक।

कहीं आती हैं काम ऐसी भी तदबीरें मुहब्बत में,
यह माना दोस्त को, भूले रहेंगे, मगर कब तक।

इनायत की, करम की, लुत्फ़ की आखिर कोई हद है,
कोई करता रहेगा चाराए-ज़ख़्मे-ज़िगर कब तक।

यह दौरे-आसमाँ है तू मुहब्बत लाख बढ़ने दे,
मगर यह बेखुदी यह दर्दे-दिल यह चश्मे-तर कब तक।

---

1. पर्दा 2. देश

गरेबाँ चाककर मुँह मोड़ ले हुस्ने-गुलिस्ताँ से,
कि ज़ेरे-आसमाँ यह मंज़िरे-रक्से-शरर कब तक।

किसी का हुस्न रुसवा[1] हो गया पर्दे ही पर्दे में,
न लाए रंग आख़िरकार ताशीरे-नज़र कब तक।

'फ़िराक़' अय्यामे-फुर्क़त की दराज़ी भी तो धोखा है
सहर बेशाम की कब तक यह शामे-बेसहर कब तक।

(1935 ई.)

1. बदनाम

## 36

यह सर गर्दानियाँ कब तक, तवाफे-दर बदर कब तक,
तेरे शोरीदः[1]-सर आख़िर रहें शोरीदः-सर कब तक।
किसी पर महरबाँ होते हैं, लेकिन यों नहीं होते,
सरासर लुत्फ़ के पर्दे में जोरे-सर बसर कब तक।
असीराने-सितम ने और ही कुछ सोच रखा है,
करें आखिर बसर भी करनेवाले यों बसर कब तक।
अभी तो बढ़ती ही जाती है बेताबी तश्फ़ी[2] से,
इलाजे-दर्दे-दिल होता है देखें कारगर कब तक।
नर्वद-ए[3]-ताक़ते-पर्वाज़ लाई हद्दे-मज़बूरी,
तेरे बे बालों पर आख़िर रहें बे बालों पर कब तक।
तेरी तासीरे-पिन्हाँ के निसार अब देखना यह है,
निगाहे-मस्त तेरे बेख़बर हों बाख़बर कब तक।
जमालिस्ताने-आलम में भी क्या आलम निकलता है,
रहे इस पर्दा-ए-रंगीं में हुस्ने-पर्दा-दर कब तक।
निगाहे-शोक तो इक मुब्तदाए-बेख़बर निकली,
उम्मीदो-बीम का यह रंग किस्सा मुख्तसिर कब तक।
हिजाबे[4]-हुस्न अगर हैं जलवा-ए-महरो[5]-मह[6]-ओ-अंजुम[7],
नज़र को रोके रखें हम भी ता हदे-नज़र कब तक।
निज़ामे-दहर बदले आसमाँ बदले ज़मीं बदले,
लिए बैठा रहे कोई हयाते-बे असर कब तक।

---

1. परेशान 2. तसल्ली 3. संदेश 4. पर्दा 5. सूर्य 6. चन्द्रमा 7. तारा

यह आहे-सर्द क्या ग़ाफिल निगाहे-गर्म पैदा कर,
न होगा हस्ती-ए-अफसुर्दा, पर आखिर असर कब तक।

सुकूत[1]-ए-इश्क़ में हंगामा-ए-राज़े-ज़िन्दगी गुम हो,
करें रूदादे[2]-ग़महाए निहानी[3] मुख़्तसिर[4] कब तक।

'फ़िराक़' अन्दाज़े-वहशत अब बदल दें होश में आएँ,
रहें ज़ुबलीदः[5]मू[6], आशुफ्तः[7] सर हैराँ नज़र कब तक।

(1935 ई.)

---

1. शांति 2. वृतांत 3. छिपा हुआ 4. संक्षिप्त 5. परेशान, बिखरे 6. बाल 7. परेशान

# 37

कुछ मुज़तरिब[1] सी इश्क़ की दुनिया है आज तक,
जैसे कि हुस्न को नहीं देखा है आज तक।
तेरी अदा-अदा से हम-आहंग[2] हूँ मगर,
दिल बे क़रारे-अर्ज़-ए-तमन्ना है आज तक।
बस इक झलक दिखा के जिसे तू गुज़र गया;
वह चश्मे-शौक़ महवे-तमाशा है आज तक।
अफ़लाक[3] से दबी है कब उफ्तादगी[4]-ए-रश्क़,
पस्ती हरीफ़े[5]-ओजे-सुरैया है आज तक।
उस एक दौरे-जाम को मुद्दत गुज़र गई,
दिल पर तेरी निगाह का धोका है आज तक।
यों तो उदास ग़म कदा-ए[6]-इश्क़ है मगर
इस घर में इक चिराग़ सा जलता है आज तक।
जिसके खुलूसे-इश्क़ के अफसाने बन गए,
तुझको उसी से रंजिशे-बेजा है आज तक।
पर्छाइयाँ निशातो-अलम की हैं दरमियाँ
यानी विसालो-हिज्र का पर्दा है आज तक।
वीरानियाँ जहान की आबाद हो चुकीं,
जुज़[7] इक दयारे-इश्क़, कि सोना है आज तक।
मुद्दत हुई किसी को मिटे कूए-यार में,
इक नातवाँ[8] गुबार सा उठता है, आज तक।

---

1. परेशान 2. परिचित 3. आसमानों 4. विनम्रता 5. शत्रु 6. दुखी 7. अंश 8. कमज़ोर

सारी दिलों में हैं ग़मे-पिन्हाँ की काविशें,
जारी कशाकशे-ग़म-ए-दुनिया है आज तक।
हम बेख़ुदाने-इश्क़ बहुत शादमाँ[1] सही,
लेकिन दिलों में दर्द सा उठता है आज तक।
छेड़ा है ग़म ने फिर वही दिल का मामला,
जिसको उठा रखा है उन आँखों ने आज तक।
पूरा भी होके जो कभी पूरा न हो सका,
तेरी निगाह का वह तक़ाज़ा है आज तक।
तूने कभी किया था जुदाई का तज़्क्रि[2],
दिल को वही लगा हुआ खटका है आज तक।
इस राज़ की खुद अहले-वफ़ा को ख़बर नहीं,
जिस तरह तेरे ग़म ने निबाहा है आज तक।
ना उम्र यह 'फ़िराक़' बजा दिल गिरफ़्तगी,
पहलू में क्या वह दर्द भी रखा है आज तक।

(1938 ई.)

1. प्रसन्न 2. ज़िक्र

# 38

गुबारे-राह होकर उड़ती है खाक़े-जहाँ अब तक,
गुज़रते जाते हैं मंज़िल ब मंज़िल कारवाँ अब तक।
अदम की मंज़िलें भी आ गईं ज़ेरे-क़दम लेकिन,
ज़मीं से उठ रहा है कारवानों का धुआँ अब तक।
बनाए जाती है ज़हर अब हर अश्के[1]-मुहब्बत को,
किए जाती है काम अपना हयाते-रायगाँ[2] अब तक।
है आलम सुलहे-कुल का जलवागाहे-नाज़ में लेकिन
लचक जाती है रह-रह कर उस अब्रू की कमाँ अब तक।
भरम तेरी निगाहों का न टूटा है, न टूटेगा,
वही एनुलयक़ीं[3] अब तक वही वहमो-गुमाँ अब तक।
जुनूं धीमा पड़ा, फुर्क़त की रातें कट गईं लेकिन,
फ़ज़ाओं में है रक्साँ, बूए-गेसू का धुआँ अब तक।
नज़र का आँसुओं में मुस्कराना दिल नहीं भूला,
चिरागे़-ख़ाना है आज़ुर्दगी[4]-ए-शादमाँ अब तक।
वह कुछ रूठी हुई आवाज़ में तज्दीद[5]-दिलदारी,
नहीं भूला मुझे वह इल्तफ़ाते-सरगिराँ अब तक।
ग़मे-दौराँ का बस नाम आ गया था बातों-बातों में,
'फ़िराक़' अहले-वफ़ा से वह नज़र है बदगुमाँ अब तक।

(1945 ई.)

1. आँसू 2. व्यर्थ 3. पक्का यक़ीन 4. अप्रसन्नता, खिन्नता 5. नयापन

## 39

छिचले आँसू छिचली लाग,
कच्चा पानी कच्ची आग।
आग भबूका गोरा मुखड़ा,
ज़ुल्फ़ें काले-काले नाग।
हुस्न है दरिया इश्क़ है शोला,
पानी में लग जाए न आग।
खोल ऐ दुनिया आँखें खोल,
जाग ओ नींद की माती जाग।
रूप पे यों लहलोट है दुनिया,
जैसे गत[1] पर नाचे नाग।
जादू-जादू रंगीं नाच,
शोला-शोला मध भरे राग।
दरिया-दरिया गिर्याए-इश्क़,
सहरा-सहरा इश्क़ की आग।
वह आकाश की देवी उतरी,
चन्दर किरन पर गाती राग।
तान-तान पर पौ फटती है,
लौ देता है प्रेम का राग।
आज मना ले दुनिया होली,
अपने लहू से खेल ले फाग।

---

1. गति

सोने को तो उम्र पड़ी है,
इक दुनिया में आज है जाग।
दुनिया की मंजिल बदले,
मह्र-ओ-म्राह की मोड़ दे बाग।
अंगड़ाई ली नशे में उसने,
या छलक उठी पिघली आग।
आते ही जल उठे चिराग़,
रूप है तेरा दीपक राग।
यों लहराती हैं वह जुल्फें,
गत चलता हो जैसे नाग।
हुस्न शबनमी पैराहन[1] में
जैसे दबी-दबी सी आग।
चंचल चंचल जोबन जैसे,
अधखिली कलियाँ अधसुने राग।
डस न ले तुझे कहीं यह 'फ़िराक़',
'भाग बला-ए-इश्क़ से भाग'।

(1943 ई.)

1. वस्त्र

## 40

दुनिया से रख सच्ची लाग,
झूठा त्याग और बैराग।
रूखे-सूखे हुस्न से भाग,
इन फूलों में रस न पराग।
डस लेगा यह काला नाग,
'भाग बला-ए-इश्क़ से भाग'।
लेंगे क़दम सूरज और चाँद,
रूप ने साधा है बैराग।
हुस्न ही हुस्न भरी दुनिया है,
इश्क़ भरी दुनिया का सुहाग।
प्रेम और रूप की लीला है,
कैसा लगाव कहाँ की लाग।
इश्क़ का सहज नहीं है मिटाना,
मौत के मुँह पर आ गया झाग।
सोज़े-इश्क़ से बच नादान,
आग है, आग है, आग है, आग।
करके दिखा, कुछ लेके न बैठ,
खुशी और ग़म का खड़ाग।
और ही धुन है इश्क़ को आज,
कैसा रंग कहाँ का राग।
छलके इधर सभा में प्याले,
उड़ी उधर बोतल की काग।

बोलता साज़ है रूप किसी का,
छिड़ा हुआ है प्रेम बिहाग।
दुनिया के आसेब[1] को आज,
साज़े-जुनूँ देता है राग।
कोमल पाँव पड़ा है लेकिन,
जैसे धरती जाए जाग।
अबलक़े-दहर के असवारों के,
हाथ से छूट गई है बाग।
पड़ती है नज़्मे-कुहन में दराड़,
खुलते हैं दुनिया के भाग।
फूलें फलें संसार में आशिक़
बना रहे दुनिया का सुहाग।
इश्क़ हसीनों में बैठा है,
जैसे कोई पुराना घाग।
हुस्न ने जब जब हँसकर छेड़ा,
लाया इश्क़ हज़ारों राग।
लहराए आकाश में तारे,
जैसे रात पड़ी हो जाग।
आँख के अंधे गाँठ के पूरे,
क्या कहना ऐसों के भाग।
प्रेम कामिनी रस की पतली,
भीतर ठंडक बाहर आग।
खुला निगाह से दिल का हाल,
ताँत बाजते बूझा राग।
दिल को देख ले दिल में नहा ले,
प्रेम बाटिका प्रेम तड़ाग।
कोमल मिदुल गात यूँ जैसे,
सहज सुभाव प्रेम बेलाग।
झिल मिल झिल तेरा रूप,
जगमग जगमग तेरा सुहाग।

---

1. बला, आफत

हुस्न की सेना, इश्क़ अकेला,
फट न पड़े यह लश्कर भाग।
अगन कुंड है सीना 'फ़िराक़'
दहड़-दहड़ जलती है आग।

(1943 ई.)

## 41

अहले-दिल को कोई खुशी न मलाल
अब तो बस वह हैं और तेरा ख़याल।
क्या यह वहमो-फरेब-ए-हिज्रो-वसाल,
इश्क़ को इन मुसीबतों में न डाल।
यह धड़कता है दिल कि सीने में,
कौंदती है किसी की बर्के-जमाल।
ता अबद[1] एक दौरे-हाज़िर है,
इश्क़ की उम्र में न माह न साल।
जोश ज़न है अजूल से बहरे-हयात,
कहने की बात है कमालो-ज़वाल।
जोशे-पर्वाज़[2] इन फ़िज़ाओं में,
दोश[3] पर क्यों बवाल हीं पर, बवाल।
ज़िन्दगी करवटें बदलती है,
थरथराता है नज़्मे-माज़ी व हाल।
ज़िन्दगी है तो बेकरारों की,
बन गए हैं किसी के बर्क़े-जमाल।
लिए जाते थे लोग इक मैय्यत
आह वह शामे-हिज्रो-सुबह विसाल।
अब कहाँ वह जमाले-चश्म अफ़्रोज़,
सोहबतें हो गईं वह ख़्वाबो-ख़्याल।

---

1. अन्त 2. उड़ान 3. कन्धा

इश्क़ को दिल्लगी समझते थे,
हो गया अब वह जान का जंजाल।
इश्क़ में और निशात[1] की उम्मीद
आस्तीं में 'फ़िराक़' साँप न पाल।

(1937 ई.)

1. खुशी

## 42

दिल के अनासिर[1] का यह आलम,
बाहम-बाहम[2], बरहम-बरहम[3]।
हुस्ने-सरापा शोला-ओ-शबनम,
सोज़ां-सोज़ां, पुरनम-पुरनम।
साकित-साकित[4] शोरिशे-आलम,
दिल की सदा भी मद्धम-मद्धम।
दिल के दर्द का है यह आलम,
ठहरा-ठहरा पेहम-पेहम[5]।
आलम-आलम इश्क़ में तन्हा,
तन्हा हुस्न भी आलम-आलम।
रंग है किसका रूप है किसका,
निखरा-निखरा मुब्हम-मुब्हम[6]।
दिल की वह दुनिया थी जो होगी,
बरहम होकर और मुनज़्ज़म।
आलमे-रंजो-निशात से बढ़ जा।
इनके सिवा है और भी आलम।
इश्क़ की आँच तेरी ही कसर थी,
अब अक्सीर है ख़ाके-आदम।
ज़ुलमत व नूर की दो मोजें हैं,
बलखाया क़द गेसूए-पुर ख़म।

---

1. तत्वों 2. साथ-साथ 3. अव्यवस्थित 4. शक्ति 5. निरन्तर 6. अस्पष्ट, गूढ़

हासिले-इश्क़ यही है कि कोई,
दे भी गया दम, कर भी गया रम।
दिल की जराहत[1] तेरी मुहब्बत,
ऐसा ज़ख़्म न ऐसा मरहम।
जाती बहारें आती बहारें,
दोनों का हासिल दीद-ए-पुरनम
इश्क़ में सच ही का रोना है,
झूठे नहीं तुम, झूठे नहीं हम।
ले अब उसने सितम भी छोड़ा,
अब तो दिल का दर्द हुआ कम।
हुस्ने-बहाराँ, शोरे-बहाराँ,
शोलाए-पैहम नारा-ए-मातम।
हासिले-इश्क़ यही क्या कम है,
कुछ मुझको ग़म कुछ तुमको ग़म।
हमने भी आज 'फ़िराक़' को देखा,
सोज़े-मुकम्मल दर्दे-मुजस्सम।

(1940 ई.)

1. घाव

## 43

देख मुहब्बत का यह आलम,
साज़[1] भी कम-कम, सोज़[2] भी कम-कम।
दिल के ज़र्रों का यह आलम,
यक जा, यक जा, बरहम-बरहम।
याद है उन आँखों का वह आलम,
नशा भी कम-कम, होश भी कम-कम।
और तो किसके लिए हैं दो आलम,
अपने को तो करले फराहम[3]।
हुशियारी सब तेरी मुसल्लम,
ग़ाफिल भी तुझ सो होगा कम।
हुस्न और इश्क़ वही हैं लेकिन,
एक वह आलम एक यह आलम।
ज़हमते-मय ज़ह्हाद को मत दे,
इनको पिला शोरबा-ए-ज़म ज़म[4]।
साज़े-मुहब्बत नग़मा-ए-जन्नत,
सोज़े-मुहब्बत नारे जहन्नुम।
आह फ़रेब-चश्मे-तवज्जः
ऐसा तग़ाफुल भी होगा कम।
कम कम यों तो है शोरिशे-पिन्हाँ,
हिलती चली है बिना-ए-दो आलम।

---

1. खुशी 2. दुःख 3. उपलब्ध 4. ग़ालिब के एक फारसी शेर में भी इसी ओर संकेत है

औरों ने तारे-तोड़ लिए क्या ?
मातम कोशी-ए-इश्क़ मुसल्लम।
दिल का सँभलना सच है लेकिन,
दर्द न है कम, दर्द न था कम।
ज़िन्दा दिली है ख़त्म इसी पर
जिसने खुशी में ढूँढ़ लिया ग़म।
क्यों न गिराँ हो इक आलम पर,
इश्क़ की हस्ती भारी भरकम।
आह ! मुहब्बत की मायूसी[1],
नर्गिसे-रा'ना पुरनम[2] पुरनम।
ग़मकदा-ए-दिल का यह धुँधलका,
रोशनी कम-कम तीरगी[3] कम-कम।
इश्क 'फ़िराक़' इक शोला-ए-पिन्हाँ
हुस्न इक सोज़ो-साज़ मुजस्सम।

(1940 ई.)

1. निराशा 2. भीगी 3. अँधेरा

## 44

कुछ इशारे थे जिन्हें दुनिया समझ बैठे थे हम,
उस निगाहे आश्ना[1] को क्या समझ बैठे थे हम।
रफ़्ता-रफ़्ता ग़ैर अपनी ही नज़र में हो गए,
वाह री ग़फ़लत तुझे अपना समझ बैठे थे हम।
हौश की तौफ़ीक[2] भी कब अहले-दिल को हो सकी,
इश्क़ में अपने को दीवाना समझ बैठे थे हम।
पर्दा-ए-आज़ुर्दगी में थी वह जाने-अलतफ़ात,
जिस अदा को रंजिशे-बेजा समझ बैठे थे हम।
क्या कहें उल्फ़त में राज़े-बेहिसी क्यों कर खुला,
हर नज़र को तेरी दर्द[3] अफ़ज़ा समझ बैठे थे हम।
बेनियाज़ी[4] को तेरी पाया सरासर सौज़ो-दर्द,
तुझको इक दुनिया से बेगाना समझ बैठे थे हम।
इन्क्लाबे-पै-ब-पै हर गर्दिश-व हर दौर में।
इस ज़मीनो-आसमाँ को क्या समझ बैठे थे हम।
भूल बैठी वह निगाहे-नाज़ अहदे-दोस्ती,
इसको भी अपनी तबीयत का समझ बैठे थे हम।
साफ़ अलग हमको जनूने-आशिक़ी ने कर दिया,
खुद को तेरे दर्द का पर्दा समझ बैठे थे हम।
कान बजते हैं मुहब्बत के, सकूते-नाज़ को,
दास्ताँ का ख़त्म हो जाना समझ बैठे थे हम।

---

1. पहचानी 2. परमात्मा की दया, निर्देश 3. दर्द बढ़ानेवाला 4. बेरुखी

बातों-बातों में पयाम-ए-मर्ग भी आ ही गया,
उन निगाहों को हयात अफ़्ज़ा समझ बैठे थे हम।

अब नहीं ताबे-सिपासे[1]-हुस्न इस दिल को जिसे
बेक़रारे-शिकवाए-बेज़ा समझ बैठे थे हम।

एक दुनिया दर्द की तस्वीर निकली, इश्क़ को
कोहे-कुन[2] और क़ैस का किस्सा समझ बैठे थे हम।

रफ़्ता-रफ़्ता इश्क़ मानूसे-जहाँ होता चला,
खुद को तेरे हिज्र में तन्हा समझ बैठे थे हम।

हुस्न को इक हुस्न ही समझे नहीं और ऐ 'फ़िराक़'
महरबाँ ना-महरबाँ, क्या, क्या समझ बैठे थे हम।

---

सोती किस्मत चौंक उठी है,
तू बोला, या जादू बोला।

---

(1939 ई.)

1. प्रशंसा 2. फरहाद

## 45

सर बसर सोज़ो-साज़ का आलम,
पैकरे-नाज़ राज़ का आलम।
बल-पे-बल खाए जैसे क़ौसे-क़ज़ह[1]
तेरे कद्दे-दराज़ का आलम।
रंग, अम्वाजे-रक्से-सुबह बहार[2],
रूप लौ देते साज़ का आलम।
अंबरी[3] जुल्फ में सिमट आया,
महकी रातों के राज़ का आलम।
मद में डूबी लक़ाए[4]-रंगीं में,
हर गुन्हा के जवाज़ का आलम।
नर्म दोशीज़गी निगाहों की,
एक मानूस राज़ का आलम।
मद में डूबी हुई यह आधी रात,
नर्गिसे-नीमबाज़ का आलम।
पिछली शब को वह ज़िस्म सर-ता-सर,
आहूए[5]-नीमबाज़ का आलम।
ख़म-ब-ख़म गेसुए-मुसलसल है,
शबे-अफ़सानाए-साज़ का आलम।
उन निगाहों की ठंडी छाओं में,
कुल सितारों के राज़ का आलम।

---

1. इन्द्रधनुष 2. बसन्त में प्रातःकाल की नाचती लहरें 3. अंबर की खुशबूवाली 4. लटें 5. हरिन

मुस्कराहट के नर्म शोलों में,
मिस्ले-शबनम गुदाज़ का आलम।
कैफ़-अंगेज़ मस्त अदाओं में,
दस्ते-पैमाना साज़ का आलम।
जिस्मे-रा'ना तमाम राज़ो-नियाज़,
सर बसर साज़ बाज़ का आलम।
नाज़ो-अन्दाज़ के शगूफों में
नर्गिसे-फित्ना साज़ का आलम।
चश्मके[1]-बर्क़े-हुस्ने-काफ़िर में,
निगहे-पाकबाज़ का आलम।
क़दे-रै'ना में भी निकलता है
तेरी जुल्फ़ दराज़ का आलम।
मेरे नग़मों की नर्म लय में देख
जुंबिश-पाये नाज़ का आलम।
हमने देखा है, नर्म अदाओं में,
निग़हे-दिल नवाज़ का आलम।
सरबसर सोज़ो-साज़ पिन्हाँ में,
मय[2], मीना, गुदाज़ का आलम।
पेच दर पेच गेसुए शब ताब,
तेरी उम्रे-दराज़ का आलम।
कैफ़ो-कम में गुलाबी आँखों के,
वादा-ए[3]-ख़ाना साज़ का आलम।
ढूँढ़ता हूँ निज़ामे हस्ती में,
तेरे राज़ो-नियाज़ का आलम।
गाह-गाह[4] उसके नर्म पैकर में,
एक क़ल्बे-गुदाज़ का आलम।
हमने देखा है देर तक खो के,
ग़म की उम्रे-दराज़ का आलम।
निगहे-शोख़ के भाव न पूछ,
बे चले तर्के-ताज़ का आलम।

---

1. रंजिश, रुकाव 2. शराब 3. शराब 4. जगह-जगह

मेरे अश'आर के किनायों[1] में,
हुस्न के नीम नाज़ का आलम।
एक आलम है ख़ल्वते[2]-शब में,
इन्कशाफ़ाते[3]-राज़ का आलम।
तेरी आवाज़ नूर का तड़का,
नर्म आहंग साज़ का आलम।
उन निगाहों में गाह-गाह 'फ़िराक़'
जैसे अर्ज़े-नियाज़ का आलम।

---

मैं आसमाने-मुहब्बत से रुख़्सते-शब हूँ
तेरा ख़याल कोई डूबता सितारा है।

---

(1945 ई.)

---

1. रहस्यों, 2. एकांत, 3. उद्‌घाटन, खुलना

# 46

साइक़ा साइक़ा[1] हुस्ने-ख़िरामाँ[2]
ज़लज़ला सामाँ फ़ित्नः-ए-दौराँ
हुस्ने-गुलिस्ताँ हैराँ, हैराँ
गुंचा-गुंचा सर बगेरबाँ
जुल्मते-दौराँ बज़्मे-चिराग़ाँ
बादा परस्ताँ बादा परस्ताँ
जाना हिजाबे नाज़पे नादाँ,
वहशत-वहशत, दामाँ-दामाँ
रंग परीदा बूए परेशाँ
देखा देखा हुस्ने गुलिस्ताँ
सब की हालत एक है नादाँ
कौन है ग़मगीं कौन है शादाँ ?
शाक़ी-ए-जोशे-बहारे-गुलिस्ताँ
तंगी-ए-दामाँ वुसअते-दामाँ
कुर्बे-हुस्न है वहशते-सामाँ
होश के पर जलते हैं नादाँ
शोला व शबनम हुस्ने-गुलिस्ताँ
पुरनम-पुरनम, सोजाँ-सोजाँ
दिल में उठा के रखले गुलिस्ताँ
करले इलाजे-तंगी-ए-दामाँ

---

1. जमीन पर गिरनेवाली बिजली 2. टहलते हुए

बख़्ते-सिया गेसू-ए-परेशाँ
यह भी शबिस्ताँ वह भी शबिस्ताँ
गेसुए-मुश्कीं[1] दश्ते-ग़ेजालाँ[2]
नर्गिसे-जादू है कि परिस्ताँ
बेख़बरी के हैं सब उनवाँ
कौन है गिरयाँ, कौन है ख़न्दाँ
नज़रिये हैं और भी नादाँ
उसकी मुहब्बत दर्द न दरमाँ
हुस्न हुआ चालाके-ज़माना
इश्क है अब तक नादाँ-नादाँ
उसका पाना है वह करिश्मा
सोच तो मुश्किल देख तो आसाँ
बेदारी है अपने सहारे
नींद का झोंका गर्दिशे-दौराँ
धुआँ-धुआँ सा गुम्बदे-मीना
मौजे-सहबा शोला-ए-लरजाँ
किसके पाँव की चाप है दुनिया
कौन है सुब्हे-अज़ल से ख़िरामाँ[3]
क़तरा-क़तरा ज़र्रा-ज़र्रा
साज़े-ज़माना शहरे-खमूशाँ[4]
छोड़ खुदा की मदद का सहारा
इससे सवा है हिम्मते-मर्दां
जाने-वजूद व राज़े-अदम है
हुस्ने-नुमायाँ उश्वा-ए-पिन्हा
बादाकशों को फिक्र है जिसकी
बादा न साग़र बर्क-न-बाराँ
दोनों भरी दुनिया है लेकिन
तन्हा-तन्हा बाग़ो-बयाबाँ
टकरायें न कहीं सियारे
तेज़ बहुत हैं गर्दिशे-दौराँ

---

1. कस्तूरी हिरन 2. हिरन का बच्चा 3. चलते-चलते 4. कब्रिस्तान

बज़्मे-चिरागाँ भी तारीकी
तारीकी भी बज़्मे-चिरागाँ
कम निगही भी सदके होगी
देख तो मेरा शौके-फरावाँ
थमी-थमी सी सुब्हे-क़यामत
रुकी-रुकी सी गर्दिशे-दौराँ
दोनों गर्दो-गुबारे-मंज़िल
सुबहे-वतन या शामे-ग़रीबाँ
रहती दुनिया गूँज उठी है
बोल उठा है शह्र-ए-ख़मोशाँ
जैसे शफ़क हो शबनम आगीं
एक आलम है हुस्ने-पशेमाँ
आँच क़फ़स वालों तक आई
अबके बहुत है शोरे-बहाराँ
किसका ख़िराम[1] पयामे-जुनूँ है
किसका सुकूँ है सिलसिला-ए-जुंबाँ
काविशे-दोज़ख़ व ख़ुल्द[2] अबस[3] है
पहले आदमी होले इन्साँ
चढ़ती चली है इश्क़ की कीमत
जिन्से-हुस्न है अरज़ाँ-अरज़ाँ
इश्क़ की सूरत याद रहेगी
कुछ नम दीदा[4] कुछ नम सामाँ
दाग़े-मुहब्बत राज़े-मुहब्बत
कम-कम पैदा कम-कम पिन्हाँ
तूने किस वादी से पुकारा
चौंक उठी है ख़ाके-शहीदाँ
यह भी फ़साना, वह भी कहानी
क्या शबे-वस्ल और क्या शबे-हिज्राँ
दुनिया को दुनिया करना है
यह मंसूबे, साज़ न सामाँ

1. चाल 2. स्वर्ग 3. व्यर्थ 4. भीगी आँख

यूँ करते हैं भाग के पीछा
इश्क़ के दरपे, हुस्ने-गरेज़ाँ
बात उस शोख़ से बनजाने की
कोई न सूरत कोई न उनवाँ
पत्ती-पत्ती बूटा-बूटा
आइना सामाँ आइना सामाँ
दिल की खटक है दिल की ख़लिश है
नावक-नावक पैकाँ-पैकाँ[1]
वहशत की परछाईं दोनों
शामे-बियाबाँ सुबहे-गुलिस्ताँ
ज़र्रा-ज़र्रा तारा-तारा
शिशदर-शिशदर हैराँ-हैराँ
जुज़्वे दिल बे हिस है अब तो
हसरत-हसरत, अरमाँ-अरमाँ
धुँदला-धुँदला रोशन-रोशन
आलम-आलम, आलमे-इमकाँ
तुझ से मिलती थी कोई सूरत
पैदा-पैदा, पिन्हाँ-पिन्हाँ
आए गुन्हगाराने-मुहब्बत
नादिम-नादिम, ताजाँ-ताजाँ
ढूँढले मुझको दुनिया-दुनिया
सहरा-सहरा, ज़िन्दा-ज़िन्दा
बादल-बादल, बिजली-बिजली
बादा गुसाराँ, बादा गुसाराँ
आग लगादे हश्र उठादे
नारा-ए-मस्ताँ, नारा-ए-मस्ताँ
इश्क़ को देखा इश्क़ को पाया
ग़मगीं-ग़मगीं शादाँ-शादाँ
तूने भरम ग़मे इश्क़ के खोले
ऐ ग़मे-दौराँ, ए ग़मे-दौराँ

1. बाण की नोक

हुस्नो-इश्क़ से यकसाँ वहशत
यह भी गिरेबाँ वह भी गिरेबाँ
ज़ुल्मत व नूर से इश्क़ की हस्ती
तेराह-तेराह, ताबाँ-ताबाँ
दोज़ख़ के पिघले हुए शोले
चश्मे-हैवाँ, चश्मे-हैवाँ
उम्र फ़िराक़ ने यूँ ही बसर की
कुछ ग़मे-जानाँ, कुछ ग़मे-दौराँ
है नया दर्दे हिज्र क्या हो सुकूँ
तीन दिन क़ब्र में भी भारी हैं।

(1940 ई.)

## 47

यह मीठी नींद यह कैफ़े-आफ़रीं सुकून[1]-बदन
शमीमे[2]-नरम की यह लोरियाँ यह ख़्वाबे-चमन
मिसाले-कोसे[3]-क़ज़ाह लहलहा रहा है बदन
यह रंगो-बू का तमव्वुज कि वज्द में है चमन
दमे विसाल ज़हे नाज़ की हुस्ने-बदन
कुछ और बढ़ता चला रूप का कुँवारापन
बहार है मुतबस्सुम कि लाला-ज़ारे-बदन
फ़िज़ा में रक्स-किनां मौजे-बूए-पैराहन
क़बाये सुर्ख़ में देता है रूप क्या जौ बन
शफ़क़ की ओट में जैसे चिराग़ हो रोशन
वह पिछली शब निगहे-नर्गिसे-खुमार-आलूद
के जैसे नींद में डूबी हुई हो चन्द्र किरन
मेरा ही दिल है कि उसको उतार लेता है
किसी की नर्म निगाही है आफ़ताबे-शिकन
बहार लुटती थी मुट्ठी में कुल गुलिस्ताँ था
मैं गुंचे-गुंचे में करता रहा हूँ सैरे-चमन
अरे कहाँ की अदाएँ यह आ गईं तुझ में
सुकूँ नुमा निगाहे-आशना ज़माना फ़ुगन
तुझे हयात की बेसबरियों का इल्म भी है ?
यह बात अलग कि हर एक अपने हाल में है मगन

---

1. खुशबूदार हवा 2. इन्द्रधनुष 3. खिला हुआ

रुकी-रुकी सी यह आजुर्दगी क़यामत है
यह क्या अदाएँ हैं तेरी न खुल के रूठ न मन

सबब कुछ और हैं प्यारे मेरी उदासी के
न मैं ज़फ़ाओं का शाकी[1] न तू वफ़ा दुश्मन

हमारे हाल की गोया तुझे ख़बर ही नहीं
निगाहे-नाज़ अब इतना भी अहले-ग़म से न बन

यह कारवाने-ज़माना चले ही जाता है
न ख़ौफे-शामे-ग़रीबाँ न फिक्रे-सुबहे-वतन

तेरे जमाल पै क्या सादगी बरसती है
अजीब फितना-ए-मासूम है, यह भोलापन

अजब समाँ है अजब रंगो-बू का आलम है
बिसाते-नाज़े-सरासर बहार का दामन

सदाये सूर का है परदाह दार रंगे-सुकूत
है बर्क़े-ख़रमने-हस्ती-निगाहे-साइक़ा ज़न

यह सिरसे, ता बक़दम मेहवियत[2] का आलम है
किसी ख़्याल में डूबा हुआ हो जैसे बदन

यह तेरा शोला-ए-आवाज़ है कि दीपक राग
करीब व दूर चिराग़ आज हो गए रोशन

हर एक शब है यह दोशीज़गी-ए-लज़्ज़तदीद
कुँवारे नाते कहीं जिस तरह से आए दुल्हन

तेरी क़सम है जवाबे-निगाहे-दोशीज़ा
मेरे तख़य्युले-मासूम का अछूतापन

जिधर निगाह करें सैरे-शबनमिस्ताँ है
'फ़िराक़'-हुस्ने जहाँ पर है, आँसुओं का क़फ़न

---

(1943 ई.)

1. संशयालु 2. तल्लीनता

## 48

नर्म फ़िज़ा की करवटें दिल को दुखा के रह गईं
ठंडी हवाएँ भी तेरी याद दिला के रह गईं।
शाम भी थी धुवाँ-धुवाँ हुस्न भी था उदास-उदास,
दिल को कई कहानियाँ याद सी आके रह गईं।
मुझको ख़राब कर गईं नीम निगाहियाँ तेरी,
मुझसे हयात व मौत भी आँखें चुरा के रह गईं।
हुस्ने-नज़र फरेब में किसको कलाम था, मगर
तेरी अदाएँ आज तो दिल में समाके रह गईं।
तब कहीं कुछ पता चला सिदको[1]-खुलूसे-हुस्न का
जब वह निगाहें इश्क़ से बातें बनाके रह गईं।
तेरे ख़िरामे-नाज़ से आज वहाँ चमन खिले,
फसलें बहार की जहाँ ख़ाक उड़ा के रह गईं।
पूछ न उन निगाहों की तुर्फ़ा करिश्मा-साज़ियाँ,
फ़ित्ने सुला के रह गईं फित्ने जगा के रह गईं।
तारों की आँख भी भर आई मेरी सदाए-दर्द पर
उनकी निगाहें भी तेरा नाम बता के रह गईं।
उफ़ यह ज़मीन की गर्दिशें, आह यह ग़म की ठोकरें,
यह भी तो बख़्ते-ख़फ़्ता[2] के शाने[3] हिला के रह गईं।
और तो अहले-दर्द को कौन सँभालता भला,
हाँ तेरी शादमानियाँ[4] उनको रुला के रह गईं।

---

1. सच्चाई 2. झुका हुआ 3. कन्धे 4. खुशियाँ

याद कुछ आईं इस तरह भूली हुई कहानियाँ,
खोए हुए दिलों में आज दर्द उठा के रह गईं।
साज़े-निशाते ज़िन्दगी आज लरज़-लरज़ उठा,
किसकी निगाहें इश्क़ का दर्द सुना के रह गईं।
तुम नहीं आए और रात रह गई राह देखती,
तारों की महफ़िलें भी आँखें बिछा के रह गईं।
झूम के फिर चली हवाएँ वज्द में आईं फिर फ़िज़ाएँ,
फिर तेरी याद की घटाएँ सीनों पै छा के रह गईं।
क़ल्बो-निगाह की वह ईद, उफ़ यह माल क़ुर्बो-दीद
चर्ख़[1] की गर्दिशें तुझे मुझसे छुपा के रह गईं।
फिर हैं वही उदासियाँ फिर वही सूनी कायनात[2]
अहले-तरब की महफिलें रंग जमा के रह गईं।
कौन सुकून दे सका ग़मे-ज़दगाने इश्क़ को
भीगती रातें भी 'फ़िराक़' आग लगा के रह गईं।

---

उमीद-ओ-पास वफ़ा व जफ़ा फ़िराक़ो-विसाल
मसाइले-इश्क़ के इनके सिवा कुछ और भी हैं।

---

(1942 ई.)

1. आकाश 2. सृष्टि

## 49

हयात भी न हो मे'राजे[1]-आबो-रंग-ए-ज़मीं
मेरा वजूद भी मेरा वजूद है कि नहीं।
ज़माँ मकाँ को बसा देनेवाले अहले-ज़मीं
भटकनेवाले हवा में उक़ाब[2] और शाहीं[3],
जिन्हें अज़ल से न रास आए आसमानो-ज़मीं,
बहुत है ऐसों को फ़िरदोसे-ए-वायदा की तस्कीं।
लबे-निगार हैं या नग़मए-बहार की लो,
सकूते-नाज़ है या कोई मतलबे-रंगीं।
अगर बदल न दिया आदमी ने दुनिया को,
तो जान लो कि यहाँ आदमी की ख़ैर नहीं।
हमारी ज़िन्दगी-ए-इश्क़ का वह पहला ख़्वाब
तुम्हें भी भूल चुका है हमें भी याद नहीं।
हर इन्क़लाब के बाद आदमी समझता है,
कि उसके बाद न फिर लेगी करवटें यह ज़मीं।
करेंगे हुस्न को क्या बस में अक़्ल के बंदे,
नज़र में जज़्ब नहीं कुछ, दिलों में दर्द नहीं।
इन्हीं फ़िज़ाओं में तो इन्क्लाब पलता है,
ज़मीं भी बिफरी हुई आसमाँ भी चीं बजबी।
बस इक फसाना यह अन्दाज़े-इश्क़ो-शाने-जमाल,
बस एक ख़्वाबे-परेशाँ यह शोरिश व तमकीं[4]।

1. सीढ़ी, ईश्वर की समीपता 2. एक शिकारी पक्षी 3. शिकारी पक्षी 4. वैभव

बहुत न बेकसी-ए-इश्क़ पर कोई रोये,
कि हुस्न का भी ज़माने में कोई दोस्त नहीं।
नया ज़माना नई ज़िन्दगी, नई दुनिया,
नए सिरे से बने हुस्नो-इश्क़ के आईं[1]।
हर इक अबद का मुसाफिर हर एक ख़ानाबदोश,
सरे-दयारे-मुहब्बत कोई मकाँ न मस्कीं[2]।
हैं अहले-मर्तबा मायल ब पस्ती-ए-मा'कूस,
उभारते हैं ज़माने को चन्द ख़ाकनशीं[3]।
सिरे से मिट गए नक़्शो-निग़ारे-बज़्मे-जहाँ,
वह हुस्नो-इश्क़ के मिलने की सूरतें न रहीं।
न पूछ किसका दें अब सामना मुहब्बत को,
बग़ल में क़ल्बे[4]-हज़ीं[5] हैं न शाहिदे-रंगीं।
अगर तलाश करें क्या नहीं है, दुनिया में,
जुज़ एक ज़िन्दगी की तरह ज़िन्दगी कि नहीं।
निगाहे-नाज़ ! तेरी काफ़िरी को पा न सके,
हज़ारों क़िब्लाए-ईमाँ, हज़ारों काबाए-दीं।
यह नरम व सख़्त कलामी की बहस लाहासिल[6],
दिले-ग़रीब की बातें किसी से उठ न सकीं।
वह हुस्न आलमे-नैरंग की जो हो तसवीर
नज़र वह, बात को लिए जाए जो कहीं से कहीं।
जिन्हें समझते थे हम दौरे-जाविदाँ के हरीफ,
वह दिन तमाम हुए और वह रातें बीत गईं।
अमल तो वह जो कज़ा-ओ-कद्र को बस में करे,
दुआ तो वह कि मुक़द्दर भी कह उठे 'आईं'
मुसाफिराने-रहे-इश्क़ का ख़ुदा हाफ़िज़ !
न कोई रहबरे-दुनिया न कोई रहबरे-दीं।
मुझे भी बेख़बरी थी बवक़्ते-अहदे-वफ़ा,
तुम्हें भी होश न था मैंने सच कहा कि नहीं।
हुए वह जल्वानुमा भी तो क्या से क्या होकर,
पड़ी निगाहे-परीशाँ भी तो कहीं की कहीं।

1. विधान 2. स्थान 3. विनम्र 4. दिल 5. दुखी 6. व्यर्थ

'फ़िराक़' इश्क़ ही ऐसे में आड़े आए तो आए,
हयात नेज़ा[1] सम्भाले हुए अज़ल[2] बकमीं।

---

इशरत की टकसालों में खरी रक्म की क़द्र नहीं,
लोग जिन्हें कहते हैं खरा, देख तो खोटे सिक्के हैं।

---

(1941 ई.)

1. भाला, 2. मृत्यु

## 50

मेरे ख़याल में तू क्या है ? सवाल नहीं,
पहुँच न जाए गुमाँ इश्क़ का बहद्दे-यक़ीं।
जो भूलती भी नहीं याद भी नहीं आती,
तेरी निगाह न क्यों वह कहानियाँ न कहीं।
तू शाद खोके उसे और उसको पाके ग़मीं,
'फ़िराक़' तेरी मुहब्बत का कोई ठीक नहीं।
इसी मताए[1]-मुहब्बत से दिल है मालामाल,
बस एक दर्दे-निहाँ, इक ग़मे-निशात आगीं।
वह जिसने अहले-मुहब्बत के होश उड़ाए थे,
निगाहे-होशरुबा थी, न गेसुए मुश्कीं[2]।
हयात मौत बने मौत फिर हयात बने,
तेरी निगाह से यह मो'जिज़ा[3] भी दूर नहीं।
जो कामयाब हैं दुनिया में उनको क्या कहिए,
है इससे बढ़ के भले दुनिया की क्या तौहीं,
हज़ार शुक्र कि मायूस कर दिया तूने,
यह और बात कि तुझसे भी कुछ उम्मीदें थीं।
अलग नहीं मेरी दुनिया ख़बर है गो मुझको,
ज़माना और भले आदमी का साथ नहीं।
झपक-झपक सी गई है बहारे-लाला-ओ-गुल,
मेरी निगाह से चिंगारियाँ सी कुछ जो उड़ीं।

---

1. माल 2. कस्तूरी हिरन की खुशबू 3. चमत्कार

चिराग़ दीदः ब दिल है सवाद-मंज़िल दोस्त,
यह रोशनी भी धुआँ बनके उड़ न जाए कहीं।
कुछ और हसरते-पसमान्दगां[1] न बढ़ जाए,
जरस[2] की बाँग ही खोटी करे न राह कहीं।
ख़ुदा के सामने कुसूरवार है जो,
उन्हीं से आँखें बराबर मेरी नहीं होतीं।
मिज़ाज़े-इश्क़ को लाज़िम है अब बदल जाना,
कि कुछ दिनों से तो सुनते हैं हुस्न भी है हज़ीं।
'चःखुश बूद के बर आयद बयक करिश्मा दोकार',
बस इक निगाह से कर दे जहाँ को शादो-गमीं।
फल उनके वास्ते उतरेंगे शाखे-तूबा[3] से,
यह अहले-ख़ुल्द हैं उनको फलेगी क्या यह ज़मीं।
मुझे यह फ़िक्र कि जो बात हो मुदल्लिल[4] हो,
वहाँ यह हाल कि बस हाँ तो हाँ, नहीं तो नहीं।
कहीं न अर्श[5] से छूटकर ख़ज़ूर में अटकें,
हैं जिनके ज़ेरे-क़दम महरो-माह और परवीं।
तुझे बताए अगर कोई आँखवाला हो,
कि यह ज़मीं भी चमकता सितारा है कि नहीं।
कभी-कभी तो मैं सोचा किया ज़रूर ऐ दोस्त,
यही कि तुझसे मुहब्बत को कुछ उम्मीदें थीं।
न पूछ इश्क़ की मज़बूरियाँ कहाँ तक हैं,
अज़ल के दिन से तो आज़ादियाँ हैं ज़ेरे-नगीं।
यूँ ही सा था कोई जिसने मुझे मिटा डाला,
न कोई नूर का पुतला न कोई ज़ोहरा ज़बीं।
निगाहे-शाहिदे-हस्ती की नीयतें हैं कुछ और,
यह रंग हो तो कोई क्या हो शाद या ग़मगीं।
हुनर तो ख़ैर हुनर ऐब से भी जलते हैं,
फ़ुगाँ, कि अहले-ज़माना है किस क़दर कमबीं[6]।

1. गिरावट 2. घंटा 3. स्वर्ग का एक वृक्ष 4. तर्कसंगत 5. आसमान 6. कम नज़र

थी शहर-शहर ज़माने में जिनकी रुसवाई,
'फ़िराक़' थे वही नामोसे[1]-ज़िन्दगी के अमी।

---

अब कहाँ इश्क़ जाके जान बचाए
मौत के मुँह में भी पिन्हाँ[2] नहीं।

---

(1941 ई.)

---

1. रहस्य 2. गुप्त

## 51

जो ला निगहे-हयात कहीं ख़त्म ही नहीं,
मंज़िल न कर, हुदूद से दुनिया बनी नहीं।
माना कि तेरे लुत्फ़ो-क़रम में कमी नहीं,
आसान इस क़दर तो तेरी दोस्ती नहीं।
जिस पैकरे-निशात की रग रग दुखी नहीं,
उसकी ख़ुशी को ग़ौर से देखो ख़ुशी नहीं।
कुछ ठोकरें तो खा, चमक उठेंगी मंज़िलें,
पाए तलब कोफ़िक्रे-सलामत रवी नहीं।
कल तुझसे छूटने की ख़बर हो रहेगी राज़
लेकिन यह बात आज किसी से छुपी नहीं।
हम देखकर भी देख सकें हुस्ने-यार को,
इतनी तवील फुर्सते-नज़्ज़ारगी नहीं।
कब देखिए दिलों को मिले इज़्न[1]-ए-यास भी,
बेगानावार कहती है वह आँख अभी नहीं।
तेरे करम से भी न हुई कम फ़सुर्दगी[2]
शायद तेरी ख़ुशी भी हमारी ख़ुशी नहीं।
तारीख़े-ज़िन्दगी के समझ कुछ महर्रकात[3],
मज़बूर इतनी इश्क़ भी बेचारगी नहीं।
किसने हक़ीक़तों के ख़ज़ाने लुटा दिए,
बे माया इस क़दर मेरी बेमायगी नहीं।

1. आज्ञा 2. खिन्न, उदास 3. गतिविधियाँ

कुछ आज भी गर्म मनव्वर[1] फ़िज़ाए दहर,
अफ़सुर्दा[2] इतनी इश्क़ की अफ़सुर्दगी नहीं।

हाँ, ऐ निगाहे-यार न बदज़न हो इश्क़ से,
यह बेहिसी तो मान-ए-रंजो-ख़ुशी नहीं।

हस्सास कम नहीं है मुहब्बत भी, और यों,
इसको ग़मो-निशात से दिलबस्तगी नहीं

बेख़ुद से थे तो वक़्त का यह भी फ़रेब था,
हम और तुझको दिल से भुला दें ? कभी नहीं।

हम ग़मज़दों की गुफ़्तगूए-तल्ख़ पर न जा,
'क़िस्मत बुरी सही पै तबीयत बुरी नहीं'

तक़लीफ़ हिज्र को न बना ऐशे-जावदां[3],
ग़म की शबे-दराज़ भी इतनी बड़ी नहीं।

महशर[4] का अज़दहाम[5] नज़र का फरेब था,
अपने सिवा वहाँ भी जो देखा कोई नहीं।

नींद आ चली है अंजुमे-शामे-अबद को भी
आँख अहले-इन्तज़ार की अब तक लगी नहीं।

कुछ झलमलाहटें हैं शबिस्ताने-दहर में,
शमा-ए-हयात सरसरे-ग़म से बुझी नहीं।

वह इश्क़ है जो मर्कज़े-हर इन्कलाब है,
नीयत निगाहे-यार की बदली हुई नहीं।

कब सरख़ुशी भी वजहे-सकूँ बन सकी मगर,
अच्छी कुछ इस क़द्र भी ग़म आसूदगी नहीं।

बादे-बहार देख के किस तरह यह कहें,
रंगीनियों की जान तेरी सादगी नहीं।

ऐ दोस्त यों तो हम तेरी हसरत को जो कहें,
लेकिन यह ज़िन्दगी तो कोई ज़िन्दगी नहीं,

महफ़ूज़ थी जो चश्मे-ज़मानो[6]-मकाँ से भी
वह ज़िन्दगी भी तेरी नज़र से बची नहीं।

ग़फ़्लत हयाते-इश्क़ की चौंकी हुई सी है,
अब पासबाने-उम्रे-रवाँ[7] मौत भी नहीं।

---

1. रोशन 2. खिन्न, उदास 3. लम्बी 4. प्रलय 5. बड़ी भीड़ 6. समय और स्थान की आँख 7. जारी

ऐ इश्क़ कारवाने—दो आलम बिछड़ गए,
ऐ ख़िज़्रे-राह, यह तो कोई रहबरी नहीं,
यह कैफ़ियत सुकूने-सहर[1] में कहाँ की है,
वह शाम है जो सुबह भी होकर कटी नहीं,
शामें किसी को माँगती हैं आज भी 'फ़िराक़'
गो ज़िन्दगी में यों मुझे कोई कमी नहीं।
ज़हराबए[2]-फ़ना जिसे नश्व-ओ-नुमा न दे,
वह ज़िन्दगी 'फ़िराक़' कोई ज़िन्दगी नहीं।

**(1940 ई.)**

1. प्रातः 2. भयभीत होना

## 52

फ़िज़ाओं की वह महवियत, ज़माँ मकाँ की हैरतें
मुझे भी याद हैं तेरी निगाह की हिकायतें।
बयान-ए-शोक को स्कूने दिल से हैं शिकायतें
सुलझ-सुलझ के और भी उलझ गईं इबारतें।
वह नौ बहारे-नाज़ उठा फ़िज़ाए-सुबह जाग उठीं
वह ताज़गी वह हुस्न वह निखार वह सबाहतें[1]
थी हासिले-हयाते-इश्क़ इक अदा-ए-अलविदा
झुकी हुई नज़र तेरी उठीं हुई क़यामतें।
तेरे सियाह कार ही चिरागे-बज़्मे-दहर हैं,
दिलों में दर्द उठा है जब चमक गई हैं जुल्मतें।
तेरी जफा तेरे करम से अहले-दिल को क्या मिला,
दबी-दबी सी कुल्फतें, दुखी दुखी सी राहतें।
कहाँ तक उसको देखिए कहाँ तक उसको चाहिए
कि भर चुकीं ये नीयतें निकल चुकीं ये हसरतें।
यह बुअद क्या यह कुर्ब क्या यह जब्तो-इज़्तराब क्या ?
बगैर कुछ किए धरे पलट गई हैं किस्मतें।
तुझे भी कुछ ख़बर है ऐ निगाहे-देर आश्ना
सँभल गई तबीयतें निकल गई ज़रूरतें।
तमाम इज़्तराब है तमाम इंतशार[2] है
यह लर्ज़िशे-मज़ाज़ है कि मौज्ज़न हकीक़तें।

---

1. गोरापन 2. बिखरा हुआ

अदम की सख़्त मंज़िलें भी ख्वाब हैं ख़याल हैं,
न पूछिए रहे-तलब में इश्क़ की रियाज़तें।
कुछ अब तो रंग कर रहा है इश्क़ बे नियाज़ भी,
सुना है बेक़रार हो चलीं जहाँ की ग़फ़्लतें।
अबद तक एक सिलसिला है सुबहे-शामे-हिज्र का,
अज़ल से अहले दर्द की बढ़ी हुई हैं हिम्मतें।
वह नक्शे-पा बढ़ा गए कुछ और ग़फ़्लते-अदम !
दमे-ख़िराम जैसे मिट के रह गई हैं तुरबतें।
हक़ीक़ते आशनाइयाँ[1] शऊरे-इश्क़ को भी दे
स्कूने-क़ल्ब हो सकीं न वहदतें न कसरतें।
दिले हज़ीं नुजूम को भी आ गई थी नींद सी
तुझे हैं याद वह हयाते-ग़म की चन्द साअतें।
निगाहे-आशना उठी कर्म सितम लिए हुए
बची बची लगावटें, मिली मिली सी वहशतें।
बक़ा भी थी निसार जिनके हुस्न पर निशात पर
ख़्यालो-ख़्वाब हो गई वह सूरतें वह सेहतें।
अब इस क़दर ख़राब कर न ज़िन्दगी-ए-इश्क़ को
घटी हुई मुहब्बतें, बढ़ी हुई मुरव्वतें।
हज़ार बेकसी इश्क़ को कोई कहे मगर
यह कम है ? वक़्त जब पड़ा निकल गईं ज़रूरतें।
किसी के हाथों मिट के मुज़तरिब[2] नहीं ख़फ़ा नहीं,
भरी थीं इश्क़ के भी दिल में किस क़दर कदूरतें[3]।
सुकूते-यास से कभी वह चश्मे-शोख़ पूछती,
कहाँ हैं वह शिकायतें ? वह क्या हुईं हिकायतें ?
ख़िरामे-नाज़ है कि मोजे-बादा-ए-हयात है,
नसीम में कहाँ यह रो, यह लोच यह नज़ाकतें।
रहे-तलब की उफ़ वह दिलफरेबियाँ, वह सख़्तियाँ,
बढ़े-बढ़े से हौसले छुटी-छुटी सी हिम्मतें।
नियाज़े-इश्क़ बढ़ चला, निगाहे-यार फिर चलीं,
इबादतों से दूर होती जा रही हैं रहमतें।

1. पहचान 2. परेशान 3. नफ़रत

जुनून-ए-इश्क़ की न पूछ इन्तहा पसन्दियाँ,
यह ज़िद है होश में भी आके घट सकीं न वहशतें।
करम सितम का ज़िक्र क्या कि इन्तहा तो हो गई,
न ज़िन्दगी में यह तड़प, न मौत में यह राहतें।
उन्हीं से क़िस्मतें, ज़मीं की जाग उठी हैं 'फ़िराक़'
वह पाए-नाज़ जिनसे आँखें मलती हैं क़यामतें।

(1938 ई.)

## 53

निगाहे-यार की खुलें न खुल सकेंगी नीयतें,
कि दामनों में शर्म आस्तीनों में शरारतें।
सुकून-ए-यास इन्तहाए-इज़्तराबे-इश्क़ है,
बढ़ी हैं क्या अज़ीयतें कटी हैं क्या मुसीबतें।
बहार और आ गई गुले-सकूते-नाज़ पर,
दबी ज़बान से वह चश्मे-शोक की शिकायतें।
बताइए कि इश्क़ क्या निसारे-ज़िन्दगी करे,
कुछ आप की हैं और कुछ अज़ल की हैं अमानतें।
निगाहे-यार बढ़ चली हुदूदे-ज़ोरो-लुत्फ़ से,
बदलती जा रही हैं बज़्मे-नाज़ की रिवायतें।
तग़ाफुल इस तरह न हो तो आँख उठा के देख ले,
कुछ आसमाँ की गर्दिशें कुछ अहले-ग़म की हालतें।
'फ़िराक' शुक्रो-शिकवे हुस्नो-इश्क़ के धरे रहे,
कि देखते ही देखते बदल गईं तबीयतें।

(1938 ई.)

## 54

सितारों से उलझता जा रहा हूँ,
शबे-फ़ुर्क़त बहुत घबरा रहा हूँ।
तेरे ग़म को भी कुछ बहला रहा हूँ,
जहाँ को भी समझता जा रहा हूँ।
यकीं यह है हक़ीक़त खुल रही है,
गुमाँ यह है कि धोके खा रहा हूँ।
अगर मुमकिन हो, ले ले अपनी आहट
ख़बर दो हुस्न को मैं आ रहा हूँ।
हदें हुस्नो-मुहब्बत की मिला कर,
क़यामत पर क़यामत ढा रहा हूँ।
ख़बर है तुझको ऐ ज़ब्ते-मुहब्बत
तेरे हाथों मैं लुटता जा रहा हूँ
असर भी ले रहा हूँ तेरी चुप का,
तुझे क़ायल भी करता जा रहा हूँ।
भरम तेरे सितम का खुल चुका है,
मैं तुझसे आज क्यों शरमा रहा हूँ।
इन्हीं में राज़ हैं गुलबारियों के,
मैं जो चिन्गारियाँ बरसा रहा हूँ।
जो उन मासूम आँखों ने दिये थे,
वह धोखे आज तक मैं खा रहा हूँ।
तेरे पहलू में क्यों होता है महसूस,
कि तुझसे दूर होता जा रहा हूँ।

हदे-ज़ोरो करम से बढ़ चला हुस्न,
निगाहे-यार को याद आ रहा हूँ।
जो उलझी थी कभी आदम के हाथों,
वह गुत्थी आज तक सुलझा रहा हूँ।
मुहब्बत अब मुहब्बत हो चली है,
तुझे कुछ भूलता सा जा रहा हूँ।
अजल भी जिनको सुनकर झूमती है,
वह नग़मे ज़िन्दगी के गा रहा हूँ।
यह सन्नाटा है मेरे पाँव की चाप,
'फ़िराक़' अपनी कुछ आहट पा रहा हूँ

(1942 ई.)

## 55

अब तो हम हैं और भरी दुनिया की हैं तन्हाइयाँ,
याद थीं हम को भी रंगा-रंग बज़्मे-आराइयाँ।

जलवा लैला हो ऐ दिल या जुनूने-कैस हो
हुस्न भी परछाइयाँ हैं, इश्क़ भी परछाइयाँ

तूने समझा ही नहीं है हुस्न का राज़े-निशात,
तूने देखी ही नहीं है इश्क़ की रा'नाइयाँ

साँस को ताज़ा दिलो-जाँ को मुअत्तर कर गईं,
उस नज़र की ठण्डी और महकी हुई परछाइयाँ।

इश्क़ को समझा कोई तो बस निगाहे-यार ने,
शुहरतें गो कम न थीं, गो कम न थीं, रुसवाइयाँ।

ऐ तेरे ग़म में सदके डूबते जाते हैं दिल
बढ़ती जाती हैं हयाते-इश्क़ की गहराइयाँ

हुस्न की कोई झलक रखती नहीं अपना जवाब,
कोई देखे आलमे-ईजाद की यकताइयाँ।

पै-बे-पै किस आलमे-हैरत की देती हैं ख़बर,
गहरी-गहरी नर्गिसे-रा'ना की यह परछाइयाँ।

इस प्यामा-ए-राज़ को क्या हाजते-लफ़्ज़ो-बयाँ,
तूने देखी भी सुकूते नाज़ की गोयाइयाँ

सरबसर शोर-बहाराँ ख़ोफ़ेदाम रंगो-बू,
हुस्न की पैदाइयाँ, रुसवाइयाँ, गीराइयाँ

बे नियाज़-ए-कुर्बो-दूरी, बे क़रारे-जुस्तजू,
यह सुकूने-इश्क़ और यह बाद यह पैमाइयाँ।

चुपके-चुपके उठ रहा है मद भरे सीनों में दर्द,
धीमे-धीमे चल रही हैं इश्क़ की पुरवाइयाँ।
आह ज़र्रे-ज़र्रे में यह जोशे-पैहम यह उभार,
दीदनी हैं शाहिदे-दुनिया की यह बरनाइयाँ।
अब तो ग़म से ग़म, ख़ुशी से भी ख़ुशी होती नहीं
क्या हुईं ऐ इश्क़ वह तेरी निशात[1]-आराइयाँ[2]
एक मुद्दत से निशाते-हुस्न भी है मुन्तज़िर,
कोई हद रखती हैं तेरे ग़म की बे परवाइयाँ।
पूछ मत कैफ़ियतें उनकी न पूछ उनका शुमार,
चलती फिरती हैं मेरे सीने में जो परछाइयाँ।
देख़ जब आलम यह है हुस्ने-खुमार आलूद पर,
पिछले को लेती हो जैसे कायनात अंगड़ाइयाँ।
शोख़ियाँ यह कब हिज़ाबे-रंगो-बू में थीं 'फ़िराक़',
रफ़्ता-रफ़्ता रंग लाईं हुस्न की रुस्वाइयाँ।

(1939 ई.)

1. खुशी 2. 'ग़म और ख़ुशी दोनों जीवन की खुशियों की स्थितियाँ हैं'—'फिराक़'

## 56

वह तवानाई-ए-मिज़ाज नहीं
छोड़ दे मुझको लेकिन आज नहीं
सरे-'महमूद' और पा-ए-'अयाज़'[1]
आशिक़ी कुछ इसका राज़ नहीं।
मौत का भी इलाज हो शायद
ज़िन्दगी का कोई इलाज नहीं
हम तो कहते हैं वह ख़ुशी ही नहीं
जिसमें कुछ ग़म का इम्तज़ाज[2] नहीं।
तुझसे छुटकर बड़ी फ़राग़त है,
अब मुझे कोई काम-काज नहीं।
अब उन आँखों की और दुनिया है,
अब मुरव्वत का वाँ रिवाज़ नहीं।
यह हुकूमत दिलो-दिमाग़ की है,
इश्क़े-मोहताज़े-तख़्तो-ताज़ नहीं।
अर्शो-क़ाबा हो वह दिल ही दिल नहीं,
जिस पे तेरी नज़र का राज़ नहीं।
इस तरह जिस्मे-नाज़नीन को न देख,
अपनी आँखों की तुझ को लाज नहीं।
कर न अर्ज़े-वफ़ा 'फ़िराक़' कि अब,
उन निगाहों का वह मिज़ाज नहीं।

---

1. महमूद के ग़ुलाम का नाम जिसे वह बहुत प्रेम करता था 2. मिलावट

लुत्फ़ो-सितम, वफ़ा, जफ़ा, यासो-उम्मीद व क़ुर्बो-बाद
इश्क़ की उमर कट गई चन्द तोहिम्मात में।

(1945 ई.)

## 57

नैरंगे-हुस्ने-यार तेरे बस में क्या नहीं
लुत्फ़ो-करम तो माने[1]-ए-जारो-वफ़ा नहीं।

कहते हो हुस्ने-यार में बुए वफ़ा नहीं,
अच्छी तरह 'फ़िराक़' अभी दिल दुखा नहीं।

जिनकी सदा-ए-दर्द से नींदें हराम थीं,
नाले अब उनके बन्द हैं तूने सुना नहीं।

उस रह गुज़ार पर है रवाँ कारवाने-इश्क़,
कोसों जहाँ किसी को खुद अपना पता नहीं।

नैरंगी-ए-उम्मीदे-करम उनसे पूछिए,
जिनको जफाये-यार का भी आसरा नहीं।

मेरे सुकूते-यास पर इतना न हो मलूल
तुझसे खुदा-न-ख़्वास्ता मुझको गिला नहीं।

तुझसे हिजाब क्या मगर ए हमनशीं न पूछ,
उस दर्दे-हिज्र को जो शबे-ग़म उठा नहीं।

था हासिले-पयाम तेरा ऐ निगाहे-यार,
वह राज़े-इख़्तेलात[2] जो तूने कहा नहीं।

क्या जाने दर्दे-इश्क़ की गैरत को क्या हुआ,
इतना भी बेनियाज़ वह जाने-वफ़ा नहीं।

कुछ कारगर है शोख़ी-पिन्हा भी इश्क़ की,
यह पैचो-ताब इश्क़ की क़िस्मत में था नहीं।

---

1. बाधक 2. मेलजोल

ग़म कुश्तगाने-इश्क़ से और पुरसिशे-ख़ता,
यह हैं वही हवास भी जिनके बजा नहीं।

तेरे ग़रूरे-हुस्न का ममनून एक जहाँ,
वह कौन है जो तेरी नज़र से गिरा नहीं।

जो कम निगाहियों से मिटे उनका हाले-ज़ार,
अच्छा तो ख़ैर किया मगर इतना बुरा नहीं।

दिल और यह स्कूँ मगर बन पड़े की बात,
वरना जहाँ हुस्न भी ठहरा हुआ नहीं।

मैं कामयाबे-दीद भी नाकामे-दीद भी
होता है जब वह सामने कुछ सूझता नहीं।

हर जुंबिशे-निगाह में दौरे-हयाते-नौ
दुनिया को जो बदल न दे वह मयकदा नहीं।

बस एक पयामे-नर्गिसे मस्ताना है 'फ़िराक़'
मुझको दिमाग़े-काविशे लुत्फ़ो-जफ़ा नहीं।

एक बात कहते-कहते कभी रुक गया था हुस्न,
वह माजरा 'फ़िराक़' मुझे भूलता नहीं।

यह हो न हो 'फ़िराक़' की हैं कैफ़-बारियाँ,
ऐसा ग़ज़ल सरा[1] कोई अब दूसरा नहीं।

(1937 ई.)

1. ग़ज़ल कहनेवाला

## 58

बक़ा की और अबद की क़िस्मतों में भी अमाँ नहीं,
फ़ना पज़ीर दर्दे-इश्क़ मिट के भी कहाँ नहीं।
यह बार-बार वायदा-ए-सुकून-ए-मुर्ग किसलिए ?
कुछ इस क़दर तो अहले-ग़म को ज़िन्दगी गिराँ नहीं।
निगाहे-यार तेरे छेड़ने की और बात है,
मिलूँ भी कहाँ हूँ मैं अगरचे शादमाँ नहीं।
बस एक इश्क़े-मुज़तरिब की झलकियाँ जहाँ में हैं,
यह गर्दिशे-ज़मीन नहीं, यह दौरे-आसमाँ नहीं।
दिले-हज़ीं ज़माना है कि गोश बर सुकूत है,
लबों पै कोई माज़रा नज़र में दास्ताँ नहीं।
तमाम सोज़े-इश्क़ है, तमाम साज़े-हुस्न है,
एक इज़तराबे इक स्कूँ किसे नहीं कहाँ नहीं।
बक़ा तो किया फ़ना गुदाज़ हैं यह शोले हुस्न के,
तुलू-ए-आफताबे-हश्र में यह गर्मियाँ नहीं।
कसूरे-इश्क़ अपनी नाउम्मीदियों को क्या करे,
कुछ इस क़दर तो हुस्ने-बदगुमाँ भी बदगुमाँ नहीं।
जो वस्ल की खुशी नहीं तो हिज्र का भी ग़म न कर,
कि इश्क़ का यह दर्दे-रायगाँ भी रायगाँ नहीं।
हरीमे-राज़ में सुराग़ अहल-ए-दिल का क्या मिले,
कि मौत का पता नहीं, हयात का निशाँ नहीं।
सँभल-सँभल के दर्दे-इश्क़ दर्दे-लाइलाज है,
यह मुर्गे-नागेहाँ नहीं हयाते-जावदान नहीं।

निगाहे-अहले-शौक बर्क़े-हुस्न से भी बढ़ गई,
तेरे जमालो-दीद पर भी अब तेरा गुमाँ नहीं।
फ़साने ग़म के मावराए-तूलो इख़्तसार[1] हैं,
जो रातें काट देती हैं यह वह कहानियाँ नहीं।
मदारिजे-फ़नाए-इश्क़ एक ठहरी लौ में हैं,
दिलों के सोज़ो-साज़ में तड़प नहीं धुवाँ नहीं।
दरे-हरीमे-राज़े-हस्ती व अदम से दूर है,
जहाँ जबीनें मिटती हैं तेरा वह आस्ताँ[2] नहीं।
नहीं जो परसिशे करम तो ख़ैर और बात है,
नज़र का यह सुकूत इस क़दर तो बेज़बाँ नहीं।
है नाला-ए-जरस से बेनियाज़ यह रवादारी,
कोई भी एहले-कारवाँ शरीके-कारवाँ नहीं।
अदाएँ परसिशो-सितम की कितनी बे नियाज़ हैं,
वह अज़रहे करम नहीं, यह बेहेर इम्तहाँ नहीं।
क़फ़से-नसीब फिर भी बेक़रार हैं उदास हैं,
ख़्याले-गुलिस्ताँ नहीं मलाले-आशियाँ नहीं।
फ़रिश्तों के भी उसकी सादगी पै होश उड़ गए,
वही हयाते-इश्क़ जिसका कोई राजदाँ नहीं।
'फ़िराक़े' यह नहीं कि यादे-रुफ़्तगाँ नहीं मुझे,
मगर फ़िज़ा-ए-बेखुदी में यह ज़माँ-मकाँ नहीं।

---

क्या है सैर गहे-ज़िन्दगी में रुख़ जिस सिम्त,
तेरे ख़याल से टकराके रह गया हूँ मैं।

---

(1938 ई.)

1. लम्बाई और छोटाई से परे 2. दर

## 59

छलक के कम न हो ऐसी कोई शराब नहीं,
निगाहे-नर्गिसे-रा'ना तेरा जवाब नहीं।
खराब हाल भी अच्छी तरह खराब नहीं,
यह है अज़ाबे[1]-जहन्नुम कि वह अज़ाब नहीं।
ज़मीन जाग रही है कि इन्क़लाब है कल,
वह रात है कोई ज़र्रा भी महवे-ख़्वाब नहीं।
हयात दर्द हुई जा रही है क्या होगा ?
अब उस नज़र की दुआएँ भी मुस्तज़ाब[2] नहीं।
यह सैलो-बर्क के तेवर हैं कारवानों में,
कि रोक थाम अज़ल की भी सद्दे-बाब नहीं।
न हो जो मयकदा बरदोश क्या वह मस्ती व कैफ़
जो इक जहाँ पै न छा जाए वह सहाब नहीं।
ज़मीन उसकी फ़लक उसका कायनात उसकी,
कुछ ऐसा इश्क़ तेरा खानुमा ख़राब नहीं।
मेरा अक़ीदा है 'दुनिया बनाम-ए-खुल्दे[3]-बरी'
हज़ार शुक्र मुझे क़ाविशे-सवाब नहीं।
रुका है काफ़िलाए-ग़म कब एक मंज़िल पर,
कब इन्क़लाब ज़माने का हम रक़ाब नहीं।
कुचल के सर जो उठाएँ हरीफ़, फ़िकर न कर,
कुब उड़ती ख़ाक सवारों की हम रकाब नहीं।

---

1. कष्ट 2. स्वीकार किया गया 3. स्वर्ग

जो तेरे दर्द से महरूम है यहाँ, उनको,
ग़मे-जहाँ भी सुना है कि दस्तियाब नहीं।
अभी कुछ और हो इंसान का लहू पानी,
अभी हयात के चेहरे पर आबो-ताब नहीं।
जहाँ के बाब में तरदामनों का कौल यह है,
यह मौज मारता दरिया कोई सराब[1] नहीं।
ठहर-ठहर के तेरा देखना नई दुनिया
अरे वह कौन नज़र है, जो इन्तख़ाब नहीं।
नसीब से है शबिस्ताने-ग़म का चश्मो-चिराग़,
वह रोए दोस्त जिसे देखने की ताब नहीं।
दिले-ख़राब की बेताबियों का क्या है इलाज,
मैं जानता हूँ तेरा ज़ोर बे हिसाब नहीं।
ज़िगर को तोड़ गया है कड़ी कमान का तीर,
वह चोट क्या करे भरपूर जो शबाब नहीं।
ग़मो-निशात तेरे किस तरह कोई जाने,
हँसी लबों पे नहीं आँख भी पुर आब[2] नहीं।
दिखा तो देती है बेहतर हयात के सपने,
ख़राब होके भी यह ज़िन्दगी ख़राब नहीं।
कहीं वही तो गिरेबाँ नहीं है आज अपना,
तेरा वह गोशाए[3]-दामन जो दस्तियाब नहीं।
शकिस्ते-रंगे-रुख़े रोज़गार देख 'फ़िराक़'
वह मह-ओ-माह के चेहरे पे आबो-ताब नहीं।

---

सब्रो-सकून में भी लाज़िम है एक फुरेरी सी आ जाना,
उठते, बैठते, सोते, जागते, कुछ घबरा-घबरा सा उठा हूँ।

---

(1943 ई.)

1. मृगतृष्णा 2. पानी से भरा 3. किनारा

## 60

ख़ाके-सरे-राह है या कारवाँ,
यह भी न हो हसरते-पसमान्दगाँ।
नंगे-मुहब्बत है यह आहो-फ़ुग़ाँ,
यों कहीं करते हैं ग़मे-रफ़्तगाँ।
कर न चुका इश्क़ भी शहर-ओ-बयाँ[1],
रह न गई बात जहाँ की तहाँ।
आलमे-असबाव से ऐ इश्क़े-दोस्त
तुझको मिलीं बेसरो-सामानियाँ।
चल गई क्या जानिए कैसी हवा?
आज बुझे दिल से भी उट्ठा धुआँ।
इश्क़ भी कुछ ऐसा नहीं ग़मज़दा,
हुस्न भी कुछ इतना नहीं शादमाँ।
तू हो मेरी जाँ कि तेरा हुस्न हो,
आज कोई आ ही गया दरमयाँ।
दिल को तो दुखना है अबद[2] तक मगर,
अब वह मुहब्बत सी मुहब्बत कहाँ।
कुछ कोई कहते हुए चुप हो गया,
और से अब और हुई दास्ताँ।
आज कुछ आहट सी दिलों को मिली,
मुद्दतों वीरान थीं यह बस्तियाँ।
रात सही गर्दिशे-साग़र तो है,

1. व्याख्या और वर्णन 2. अन्त

ऐन चिराग़ाँ है सियाकारियाँ।
मस्त जवानी की अदा बन गईं,
अब्र में लहराई हुई बिजलियाँ।
नर्म कसक मद भरे सीनों में है,
चलने लगी इश्क़ की पुरवाइयाँ।
हरए-ओ-परवीन-ओ-मह-ओ-आफ़ताब,
सब हैं तेरे हुस्न की परछाइयाँ।
सहल ज़माना नहीं रंगे-निशात,
ग़म का भी मुश्किल से बँधा है समाँ।
जब निगहे-नाज़ की याद आ गई,
तैर गईं सीने में कुछ बिजलियाँ।
राह में है इसकी जवानी अभी,
अब वह ज़मीं और न वह आसमाँ।
ख़ामुशी-ए-ग़म पे ज़माने के कान,
कोई फसाना न कोई दास्ताँ।
बाद जफ़ा के न हो इतना मलूल,
पैकरे-ग़म भी तो हैं कुछ शादमाँ।
दे ही गया एक पयामे-सुकूँ
देर से छाया हुआ ग़म का समाँ।
आँसुओं में रंग तबस्सुम भी था,
वह तेरी आज़ुर्दगी-ए-शादमाँ।
तारों की कुछ सरकी हुई छाओं में,
टूटती हैं हुस्न की अंगड़ाइयाँ।
क़ौसे-क़ज़ह जैसे चढ़ाती हो पैगं,
क़ामते-जानां की वह रंगीनियाँ।
रूप का रह-रह के झलक मारना,
फूलों से जिस तरह उड़ें तितलियाँ।
पूरी इकाई है मुहब्बत 'फ़िराक़'
बहसे-जुज़ो-कुल[1] नहीं चलती यहाँ।

(1940 ई.)

1. अंश और समस्त

## 61

बाद सितम उफ़ यह पशेमानियाँ,
है वही तेरी रविशे-इम्तहाँ।
चश्मके-साग़र में यह शोख़ी कहाँ,
आँखें तेरी पिघली हुई बिजलियाँ।
शबनमी होंठों पे कहर का समाँ,
दीदनी है भीगी मसों का धुआँ।
उड़ गई आज इससे भी चिंगारियाँ,
मुद्दतों जिस दिल में घुटा था धुआँ
अब तो हो कम हसरते-पस मान्दगाँ,
दूर गए-दूर गए कारवाँ।
जिससे लहू थूक दे नज़्मे जहाँ,
सीने में वह नश्तरे-ग़म है रवाँ।
उसको भी एक दिल का भरम जानिए,
हुस्न कहाँ, इश्क़ कहाँ, हम कहाँ।
बहस असीरी[1] व रिहाई अबस,[2]
अब वह क़फ़्स ही है न वह आशियाँ।
और है कुछ मसलहते[3]-लुत्फ़ो-ज़ोर
इश्क़ कहाँ शुक्रो-शिकायत कहाँ।
चाराए-ग़म की भी तमन्ना नहीं,
पूछ न कुछ इश्क़ की लाचारियाँ।
कुछ नहीं कहतीं वह निगाहें मगर,

1. कैद 2. व्यर्थ 3. इरादा

बात पहुँचती है कहाँ से कहाँ।
ग़म था एक अन्दाज़े-जनूँ और बस,
इश्क़ की फ़ितरत नहीं खुद रहमियाँ।
अपनी जगह इश्क़ उजड़ता रहा,
अपनी जगह बसती रहीं बस्तियाँ।
गर्दिशे-पेहम में उन आँखों की देख,
घटती हुई, बढ़ती हुई मस्तियाँ।
शोखियों का रंग लिए शर्मे-दोस्त,
शर्म के आसार लिए शौखियाँ।
समअ नवाज़ी है कि आतिश ज़नी,
बातें हैं या कौंदती हैं बिजलियाँ।
ग़ैब से हर आन तेरे हुस्न की,
कोई बढ़ा देता है दिलचस्पियाँ।
कुछ है शकेबा दिले-बेताब भी,
कुछ निगहे-शोख़ भी है महरबाँ।
आ ही गई तुझमें सिमटकर तमाम
आलमे-ईजाद की रा'नाइयाँ।
आ न गई, आ न गई तेरी याद,
छा न गई, छा न गई बदलियाँ।
पार हुआ, पार हुआ बहरे-ग़म,
डूब चलीं, डूब चलीं किश्तियाँ।
आँखें लड़ीं देर तक और झुक गईं
ख़त्म हुई मार्के-आराइयाँ।
कह गई क्या-क्या दिल पर शौक़ से,
शर्म में डूबी हुई अंगड़ाइयाँ।
रात की आँखें भी झपकने लगीं,
कौन सुने दर्द भरी दास्ताँ।
जैसे सिया ख़ाना-ए-ग़म में 'फ़िराक़'
कौंदती हों चार तरफ़ बिजलियाँ।

(1940 ई.)

# 62

ताबे अदम भी नहीं मिलते निशाँ,
ले उड़ी वह आँख दिलों को कहाँ।
हुस्नो-मुहब्बत का नहीं अब निशाँ,
कोई नहीं मेरे तेरे दरमियाँ।
दिल की जराहत से खुले गुलिस्ताँ
चोट कहाँ थी उभर आई कहाँ।
डूब गए लज़्ज़तों में कल्बो-जाँ
यूँ निगहे-नाज़ है रतबुल-लिसाँ[1]।
जैसे कहीं पड़ गई आँख इस पर आज,
जैसे कहीं उड़ गईं चिन्गारियाँ।
वास्ता है दारो-रसन का तुझे,
और न कर और न कर बदगुमाँ।
ख़्वाबे-गिराँ ख़्वाबे-गिराँ ज़िन्दगी,
नींद के झोंके हैं कि बेदारियाँ।
अक्स इसी का है तेरी बज़्मे-नाज,
दिल की न पूछ अंजुमन आराइयाँ।
क्या है तेरा इश्क़ भी ख़्वाबो-ख़याल,
क्या है तेरा ग़म भी ग़मे-राथेगाँ।
ख़ाक उड़ाते हुए नींद आ गई,
ख़त्म हुई बादए-पैमाइयाँ।

1. प्रशंसा, मद्दाह

नीयतें इस तरह भरीं इश्क़ की,
जैसे उतरती हैं चढ़ी आँधियाँ।
अहले-तलब[1] ने तुझे पाया है कब,
अहले-नज़र ने तुझे देखा कहाँ ?
पा न सकी भेद यह मस्त आँख भी,
याद रहेंगी तेरी हुशियारियाँ।
लग गई दामाने-क़यामत में आग,
आतिशे-दोज़ख में यह गर्मी कहाँ ?
एक ज़माना से हम आहंग हैं,
अब वह नहीं इश्क़ की बेज़ारियाँ।
उफ़ यह सुबक[2]-रंग व सुबक रू-सुख़न,
फूलों से जिस तरह उड़ीं तितलियाँ।
हुस्न के कुछ और ही ख़्वाबो-ख़्याल,
इश्क़ के कुछ और ही वहमो-गुमाँ।
और भी मुझ सा है कोई सरफरोश,
तुम को मुहब्बत की क़सम है मियाँ।
रात गए कैफियते-हुस्ने-यार,
ख़्वाब से मिलती हुई बेदारियाँ।
क्या न मिला क्या न गया गाँठ से,
पूछ न कुछ इश्क़ के सूदो-जियाँ[3]।
जिन से पुकारा था तुझे इश्क़ ने,
गूँजती हैं आज भी वह वादियाँ।
दाम तो उठे दिले-नाकारा के
बिक तो गया पूछ न अरजाँ गिराँ
राज़ ही न रह जाएँगे इसरारे-क़ुरब
दूर पहुँच जाएँगी रुसवाइयाँ।
खो न मुहब्बत में मुक़ामाते-जेहल[4]
काम कुछ आ जाएँगी नादानियाँ।
ऐसी मुरव्वत भी गर उस में नहीं,
ऐसी मुहब्बत भी उसे थी कहाँ।

1. माँग 2. हल्का 3. लाभ-हानि 4. जहालत

रूठ के रखना मेरे कान्धे पै सर,
आह तेरा वह करमे-सरे-गिराँ।
गर्म अभी खाक़स्तरे[1]-दिल है 'फिराक़'
आज भी देता है यह सीना धुआँ।

(1940 ई.)

1. दिल की राख

## 63

कमी न की तेरे वहशी ने ख़ाक उड़ाने में,
जुनूँ का नाम उछलता रहा ज़माने में।
फ़िराक़ दौड़ गई रूह सी ज़माने में,
कहाँ का दर्द भरा था मेरे फ़साने में।
जुनूँ से भूल हुई दिल पै चोट खाने में,
'फ़िराक़' देर अभी थी बहार आने में।
उसी की शरह है यह उठते दर्द का आलम,
जो दास्ताँ थी निहाँ तेरे आँख उठाने में।
वह कोई रंग है जो उड़ न जाए ऐ गुले-तर,
वह कोई बू है जो रुसवा न हो ज़माने में।
वह आस्तीं है कोई जो लहू न दे निकले,
वह कोई हुस्न है झिझके जो रंग लाने में।
यह गुल खिले हैं कि चोटें जिगर की उभरी हैं,
निहाँ बहार थी बुलबुल तेरे तराने में।
बयाने-शमाँ है हासिल यही है जलने का,
फ़ना की कैफ़ियतें देख झिलमिलाने में।
अब उन को मेहरे-क़यामत की आँखें ढूँढ़ती हैं,
हुए जो खैप[1] किसी ही हया उठाने में।
कभी बयाने-दिले-ख़ूँ शुदा से यह भी खुला,
भरी हैं किस ने यह रंगीनियाँ फ़साने में।

---

1. चूर-चूर होना

किसी की हालते-दिल सुन के उठ गईं आँखें,
कि जान पड़ गई हसरत भरे फ़साने में।

ग़रज़ कि काट दिए ज़िन्दगी के दिन ऐ दोस्त,
वह तेरी याद में हो या तुझे भुलाने में।

हमीं है गुल, हमीं बुलबुल, हमीं हवा-ए-चमन,
'फ़िराक़' ख़्वाब यह देखा है क़ैदख़ाने में।

(1925 ई.)

## 64

यह करिश्मे हुस्ने-बुताँ के हैं कि शरारे क़ल्बे-तपाँ के हैं,
कि फरेब वहमो-गुमाँ के हैं यह 'फ़िराक़' जलवे कहाँ के हैं।
जो उसूले साज़े-निहाँ के हैं उन्हें क्या बताएँ कहाँ के हैं,
न यह तौर बर्के-तपाँ के हैं न यह तरज़ हुस्ने-बुताँ के हैं,
कई शोले लपके हैं तूर से, कई महरे-सुबह-ए-नशूरसे,
कई बर्क़े-हुस्ने-ग़यूर से यह करिश्मे सोज़े-निहाँ के हैं।
यह न कह कि सब्र मुहाल है ग़मे-इश्क़ ख़्वाबो-ख़याल हैं,
जो बिछड़ के उन से यह हाल है अरे दिल वह ऐसे कहाँ के हैं,
जो दिलो-जिगर में उतर गई वही काम अपना जो कर गई,
वह कहाँ किसी की नज़र गई, यह सवाल ज़ख़्मे-निहाँ के हैं।
यह विसालो-हिज्र की शाम क्या, यह फरेबे-जज़्बाए-ख़ाम क्या?
हमें हुस्नो-इश्क़ से काम क्या कि हम अपने जज़्बे-निहाँ के हैं।
न है ऐतमाद[1] बजूद पर, न अदम की सिम्त उठी नज़र,
तेरे गुमशुदा तेरे बेख़बर, न यहाँ के हैं न वहाँ के हैं।
जो तेरे दयार में आ रहे, अरे कैसे तुझ से जुदा रहे,
तुझे अपना कुछ तो पता रहे, यह न पूछ हम से कहाँ के हैं।
न पता चला कि किधर चले, न पता चला वह जिधर चले,
वह जो बे चलाए उतर चले, वही नेश्तर रगे-जाँ के हैं।
मेरे शेर नग़्मा-ए-साज़ हैं, यह कमाले-सोज़ो-गुदाज़ हैं,
यह तमाम आलमे-राज़ हैं न ज़ुबाँ न तर्ज़-ए-बयाँ के हैं।

---

1. विश्वास

खुले राज़े-दिल तो यह देखना कि दहन से शौला उबल पड़ा,
यह न पूछ फूटके होंगे क्या, जो 'फ़िराक़' छाले-ज़ुबाँ के हैं।

---

थोड़ी देर के मिलने की पहले शिकायत रहती थी,
देर तक अब रहते हैं जो साथ, कुछ घबरा से जाते हैं।

---

(1926 ई.)

# 65

सर में सौदा भी नहीं दिल में तमन्ना भी नहीं,
लेकिन इस तर्के-मुहब्बत का भरोसा भी नहीं।
यह भी सच है कि मुहब्बत पै नहीं मैं मजबूर,
यह भी सच है कि तेरा हुस्न कुछ ऐसा भी नहीं।
बदगुमाँ होके मिल ऐ दोस्त जो मिलना है तुझे,
बे झिझक हुए मिलना कोई मिलना भी नहीं।
यूँ तो हंगामे उठाते नहीं दीवाना-ए-इश्क़,
मगर ऐ दोस्त कुछ ऐसों का ठिकाना भी नहीं।
फितरते[1]-हुस्न तो मालूम है तुझ को हमदम,
चारा ही क्या है बजुज़[2] सब्र-सो होता भी नहीं।
जाने दे हम भी कुछ इतने तो नहीं नावाक़िफ़,
जा नहीं जोरो[3]-सितम तेरे तो बेजा भी नहीं।
दिल की गिनती न यगानों में न बेगानों में,
लेकिन इस जलवा गहे-नाज़ से उठता भी नहीं।
शिक्वा-ए-जोर करे क्या कोई उस शोख़ से जो,
साफ क़ायल भी नहीं, साफ मुकरता भी नहीं।
मेहरबानी को मुहब्बत नहीं कहते ऐ दोस्त,
आह अब मुझसे तेरी रंजिश, बेजा भी नहीं।
मुद्दतें गुज़रीं तेरी याद भी आई न हमें,
और हम भूल गए हों तुझे ऐसा भी नहीं।

1. स्वभाव 2. सिवाय 3. जुल्म

मुँह से हम अपने बुरा तो नहीं कहते कि 'फ़िराक़'
है तेरा दोस्त मगर आदमी अच्छा भी नहीं।

तू मेहरबान है मैं बे हिसी की एक तस्वीर,
यह रूह की है थकावट कि जिस्म की है तकान।

(1935 ई.)

## 66

तुमने पूछा भी नहीं हमने बताया भी नहीं,
कौन-सा राज़ वह ऐसा था कि जाना भी नहीं।
भूल जाते हैं किसी को मगर ऐसा भी नहीं,
याद करते हैं किसी को मगर इतना भी नहीं।
बेखुदी होशनुमा होश भी ग़फ़लते आसार,
उन निगाहों ने कहीं का मुझे रखा भी नहीं।
तुझसे सँभलें तो सँभाल अपने हिजाबे-बेबाक,
मैं उठता-हदे-आदाबे-तमाशा भी नहीं।
आज ग़फ़लत भी उन आँखों में है पहले से सिवा
आज ही ख़ातिरे-बीमार शकीबा[1] भी नहीं।
रंग वह फस्ले-ख़िज़ाँ में है कि जिस से बढ़कर,
शाने-रंगीनी-ए-हुस्ने-चमन आरा भी नहीं।
आज साक़ी की निगाहें भी नहीं बर्के-फुग़न,
आज वह जलवा सरे-साग़रो-मीना भी नहीं।
बात यह है कि सुकूने-दिले-वहशी का मुक़ाम,
कुंजे-ज़न्दाँ भी नहीं, वुसअते-सेहरा भी नहीं।
वह तिलिस्मे-चमन आराई दिल भी टूटे,
वह फरेबे-ख़लिशे-ख़ारे-तमन्ना भी नहीं।
कितने बेताब हैं हम दिल उसे देने के लिए,
निगहे-नाज़ का कुछ ऐसा तक़ाज़ा भी नहीं।

---

1. धैर्य, सब्र

हाय वह राज़े-मुहब्बत जो छिपाए न बने,
हाथ वह दाग़े-मुहब्बत जो उभरता भी नहीं।
अरे सय्याद ! हमीं गुल हैं हमीं बुलबुल हैं,
तूने कुछ आह सुनी भी नहीं, देखा भी नहीं।
आह ! यह मजमा-ए-अहबाब[1] यह बज़्मे-ख़ामोश,
आज महफिल में फ़िराक़ सुख़न आरा भी नहीं।

(1935 ई.)

1. मित्रगण

## 67

थरथरी सी हैं आसमानों में,
ज़ोर कुछ तो है नातवानों में,

इन्हीं तिनकों में देख ऐ बुलबुल,
बिजलियाँ भी हैं आशियानों में
कितना ख़ामोश है जहाँ लेकिन,
एक सदा आ रही है कानों में।
हम उसी ज़िन्दगी के दरपे हैं,
मौत है जिसके पासबानों में।
क़ैदियों को प्यामे-क़त्ल मिला,
ज़िन्दगी सी है क़ैदख़ानों में।
मंज़िलें दूर से चमकती थीं,
खो गई आके कारखानों में।
कोई सोचे तो फ़र्क़ कितना है,
हुस्न और इश्क़ के फ़सानों में।
ज़ख़्मे-दिल से चिराग़ जलता है,
अहले-ग़म के स्याह-ख़ानों में।
उस की सिफ़ा की निगाह भी है,
चमने-दिल के बाग़यानों में।
एक चर्का सा वक़्त का खाकर,
बाँकपन आ गया जवानों में।

आ गया इश्क़े-बदगुमाँ आख़िर,
हुस्न के बे किए बहानों में।
कैफ़ क्या-क्या दिलों को मिलता है,
इश्क़ के बे कहे फ़सानों में।
किसलिए बज़्मे-यार में है कि हम,
ग़मज़दों में न शादमानों में।
हम से क्यों ? तू है बदगुमाँ ऐ दोस्त,
हम नहीं तेरे राज़दानों में।
तन रही हैं भोयें ज़माने की
थरथरी सी है कमानों में।
मौत के भी उड़े हैं अक्सर होश,
ज़िन्दगी के शराबख़ानों में।
लोग क्या-क्या न हार बैठे हैं,
ज़िन्दगी के क़मारख़ानों में।
कम नहीं बारे-ग़म से बारे-निशात,
दर्द है हुस्न के भी शानों में।
जिन की तामीर इश्क़ करता है,
कौन रहता है उन मकानों में।
काम ले ख़ूने-आरज़ू से 'फ़िराक़'
रंग भर ग़म कि दास्तानों में।

---

जुहदो[1]-तक़्वा भी धोके हैं, इल्मो-अमल भी धोके हैं,
इतने धोके खानेवाले, इश्क़ के धोके भी खाले।

---

(1939 ई.)

1. संयम

# 68

बयाने-हाल की अब गर्मजोशियाँ न रहीं
वह लाले-लब की तबस्सुम फरोशियाँ न रहीं
न अब निगाह सूएदरना[1] कान आहट पर
वह इन्तज़ार वह नज़ारा कोशियाँ न रहीं
तेरी इस उठती जवानी की मस्तियों की क़सम
वह छलके जाम से अब बादा नोशियाँ न रहीं
हर एक इशारे में हंगामा-ए-क़यामत है
निगाहे-यार की अब वह ख़मोशियाँ न रहीं
'फ़िराक़' गिरिया[2]-ए-ग़म ख़त्म कर के सुबह हुई
शबे-फ़िराक़ की वह पर्दा पोशियाँ न रहीं

(1936 ई.)

1. दरवाज़े की ओर 2. रोदन, रोना

## 69

हयाते-इश्क़ की वह शादमानियाँ[1] न रहीं,
किसी पर अब वह तेरी मेहरबानियाँ न रहीं।
निसार पुरसिशे-ग़म के मैं क्या कहूँ आख़िर,
कि अब वह तुझ से मेरी बदगुमानियाँ न रहीं।
सुकूने-यास[2] भी पाया तेरे तग़ाफ़ुल[3] से
वह दर्दे-हिज्र की अब जाँसितानियाँ न रहीं।
कोई नहीं जो ख़मोशी को दास्ताँ कर दे
तेरी नज़र की भी जादूबयानियाँ न रहीं।
अरे यह दर गुज़र बेनियाज़ क़हर है क़हर,
यह क्या हुआ कि तेरी सरगिरानियाँ न रहीं।
न वह कलाम, न वह शोख़ी-ए-तबस्सुमे-नाज़
रसीले होंटों की वह गुलफिशानियाँ न रहीं।
निगाह भी नहीं उठती बयाने-हाल कुजा[4],
वह फर्ते-शोक की अब तर्जुमानियाँ न रहीं।
ग़मे-ज़माना से दिल तंग हों परेशाँ हूँ,
वह तेरे दर्द की अब पासबानियाँ न रहीं।
इस इन्क़लाब को ऐ दर्दे-इश्क़ क्या कहिए
दिलों पर आज तेरी हुक्मरानियाँ न रहीं।
शरारे-आह, न बर्क़े-फुग़ाँ, न सोज़, न साज़
दिलो-जिगर की वह आतिश फिशानियाँ न रहीं।

---

1. खुशियाँ 2. निराशा की शांति 3. ढील, उपेक्षा 4. कहाँ

कभी थी रश्के-क़यामत हयाते-फ़ानी भी
वह तेरे दर्द की उठती जवानियाँ न रहीं।

सुना है ज़ोमे-खिरद[1] नाखुदा[2] है बेड़े का
वह बहरे-इश्क़ की अब बेकरानियाँ न रहीं।

यह खुल के मिलना तेरा जान लेके छोड़ेगा
ग़ज़ब हुआ कि तेरी बदगुमानियाँ न रहीं।

फरेबे-वादा-ए-दीदारे-यार भी टूटे
'फ़िराक़' कहने को यह भी कहानियाँ न रहीं।

---

(1936 ई.)

1. बुद्धि 2. मल्लाह

## 70

जो यूँ ख़राब फिरे इश्क़ की वह ज़ात नहीं,
ग़मे-हयात नहीं काविशे-मयात नहीं।
हयाते-इश्क़ के हाथों अभी हयात नहीं,
ग़मो-ख़ुशी के लिए आदमी की ज़ात नहीं।
ख़ता के बाद नदामत[1] भी इश्क़ को न मिली,
निगाहे-नाज़ यह कहती है कोई बात नहीं।
बलाये-कुरबते-लैला व फ़ुर्कते-लैला
जो अपनी ज़िद न हो वह नज़्मे-कायनात नहीं।
किसी की शोख़ी-पिन्हाँ है कारगर नादाँ
मिटानेवाले दिलों के मुक़द्दरात नहीं।
पयामे-इश्क़ है, उस ज़ुल्फ़े-ख़म बे-ख़म से यही
तेरे असीर न काटें जिसे वह रात नहीं।
बचा-बचा के हुई काविशे-निगहे उसकी,
मिटाने मिटने के ऐ दिल यह सानेहात नहीं।
मिले-जुले हैं अज़ाबो-सवाब के मफ़हूम[2]
रमूज़े[3]-इश्क़ हैं ऐ शेख़ दीनियात नहीं।
बहुत बढ़ा के न कर शिकवा-ए-तलव्वुने-हुस्न
अरे मिज़ाजे-मुहब्बत को भी सबात[4] नहीं।
न पूछ, सोच के मैं क्या उदास रहता हूँ
जो ग़म नसीबे-मुहब्बत थे, उनकी बात नहीं।

---

1. लज्जा 2. विषय, सार 3. रहस्य 4. ठहराव

हमारी बुतशिकनी[1] के जुदा फ़साने हैं,
हदीसे-ग़ज़नवी व ज़िक्रे-सोमनात नहीं।
हो आसमाँ के ज़मीन दोस्त हो के दुश्मन हो
हर एक है इश्क़ के दर पै तेरी ही ज़ात नहीं।
तेरे दयार से मिलता हुआ हर एक दयार,
यह सबहो-शाम नहीं वहाँ यह दिन यह रात नहीं।
यह कायनात नहीं कुछ तेरे सिवा लेकिन,
यह तेरी ज़ात नहीं यह तेरे सिफ़ात नहीं।
हज़ार रुख़ से मिली है किसी के हुस्न को शः
के मात गंजफ़ा-ए-आशिकी में मात नहीं।
हर एक गर्दिशे-जामो-सुबू में कैफ़े-दवाम
रहने-दौरे-फलक मयकदे की रात नहीं।
यही हुआ के तेरे बेकसों पै कुछ न हुआ,
जो आए लफ़्ज़-ओ-बयाँ में वह वारदात नहीं।
मैं यह भी कह नहीं सकता बदल गई वह निगाह
वही हैं लुत्फो-करम अब मगर वह बात नहीं।
यह सब मज़ाज़ो-हक़ीक़त[2] की बहेस दूर अज़कार
सिफ़ात कौन हैं उसके जो एन ज़ात नहीं।
वह कोहकुन हो कि मजनूँ, रईस या मज़दूर
तुझे ख़बर है मुहब्बत किसी की ज़ात नहीं।
रमूज़े-उज़्रे-सितम तक ख़याल जा न सका,
मैं चुप रहा तो बुरा मानने की बात नहीं।
निशाते-हुस्ने-अज़ल को भी वज्द आ जाता
दुखी हुई मगर इतनी रगे हयात नहीं।
यह तुझ से छूटते ही क्या हो गया मुहब्बत को
वही वजूदो-अदम हैं, मगर वह बात नहीं।
'फ़िराक' अहदे[3]-वफ़ा बरतरफ़[4] यह क्या कम है
कि वह नज़र वह इनायत वह इल्तफात[5] नहीं।

(1938 ई.)

1. मूर्तिभंजन 2. सांसारिक और वास्तविक 3. वायदा 4. अलग 5. कृपा

## 71

कम अभी अगरचे रस्मो-राह नहीं,
अब वह पहली तेरी निगाह नहीं।
तुझ पे इल्ज़ाम कुछ नहीं लेकिन,
अब मेरा और तेरा निबाह नहीं।
ग़म भी है जुज्ब[1]-ए-ज़िन्दगी लेकिन,
ज़िन्दगी अश्क़ और आह नहीं।
दिल की इक क़तरा-ए-ख़ूँ नहीं है बेश,
कोई डूबे अगर तो थाह नहीं।
देखकर भी तुझे न देख सके,
हुस्नबाज़ी[2] चहे निगाह नहीं।
क़ित्अ[3] करले ताअलुकात कि हम
काचले-दीदे-गाह गाह नहीं।
रूहे-आदम गवाह है कि बशर
अभी शाइस्तए-गुन्हा नहीं।
मौत भी ज़िन्दगी में डूब गई,
यह वह दरिया है जिसकी थाह नहीं।
हमने दुनिया सँवार दी, यों तो,
कोई ज़ेरे-फ़लक तबाह नहीं।
है यह दुनिया अमल की जो ला निगाह,
मयकदा और ख़ानकाह नहीं।
कोई समझे तो एक बात कहूँ,

1. अंग 2. खिलौना, तमाशा 3. खत्म

इश्क़ तौफ़ीक़ है गुन्हा नहीं
तू न बदला न मैं मगर ऐ दोस्त,
आज वह दिल नहीं, वह चाह नहीं।
रात में रंग है वही लेकिन,
वह ख़मे-गेसूए-स्याह नहीं।
मर्तबा देख ख़ाके-आदम[1] का,
यह मक़ामाते-मह्-ओ-माह नहीं।
क्यों तेरा ग़म बदलता जाता है,
यह तो ग़म है तेरी निगाह नहीं।
यह मसावाते[2]-इश्क़ देख 'फ़िराक़'
इम्तियाज़े[3]-गदा-ओ-शाह नहीं।

(1946 ई.)

1. मनुष्य की मिट्टी 2. समता 3. विभेद

## 72

फ़रेबे-वहदत[1]-ओ-कसरत से खेल सकता हूँ,
करिश्मा हाय[2] हक़ीक़त से खेल सकता हूँ।
न पूछ कितने हैं रंगीन ख़्वाबे-मुस्तक़बिल[3],
ग़मे-माइले-मुहब्बत से खेल सकता हूँ।
तमाम ना'रा-हो हक, तमाम नक्दो-नज़र,
जुनूँ के भेस में हिकमत से खेल सकता हूँ।
यह बर्क़े-ख़ंदाए-मासूम है कि दाग़े-गुनाह,
मैं आज रूहे-तहारत से खेल सकता हूँ।
नक़ाबे-गैब की गिरहें हैं चुटकियों में मेरी
मजाज़ क्या है हक़ीक़त से खेल सकता हूँ।
मेरे उछाले हुए गेंद महरो-माहो नजूम[4],
मैं इक जहाँ की किस्मत से खेल सकता हूँ।
मेरे ही जबर से आज़ादियाँ इबारत हैं,
कि मैं ख़ुदा की मशिय्यत से खेल सकता हूँ।
उठा चुका हूँ निशातो-अलम मुहब्बत के,
फ़रेबे-दोज़खो-जन्नत से खेल सकता हूँ।
निगाहे-शोक में पिन्हाँ है शादमानी-ए-हुस्न,
तेरी उदास तबीयत से खेल सकता हूँ।
फ़सुर्दगी दबी चिनगारियाँ भी रखती हैं,
तेरी नज़र की शरारत से खेल सकता हूँ।

---

1. परमात्मा एक है का सिद्धांत 2. अनेक करिश्मे 3. भविष्य 4. तारे

तेरी जबीं[1] से हैं मानूस उँगलियाँ मेरी,
तुलूए[2]-सुबहे-क़यामत से खेल सकता हूँ।

अज़ल के दिन से हूँ गो पुर शकिस्ता-ओ-दिल तंग
मैं ला मकाँ[3] की भी वुसअत[4] से खेल सकता हूँ।

नफ़स-नफ़स में ज़मानो-मकाँ की मोजें हैं,
मैं तेरी दूरी-ओ क़ुर्बत से खेल सकता हूँ।

मचल रही हैं नज़र में नई-नई सुबहें,
हयाते-तीरः[5] की ज़ुलमत से खेल सकता हूँ।

मैं रंगो-बू-ए-मुहब्बत की नर्मियाँ हूँ 'फ़िराक़'
किसी के नाज़ो-नज़ाकत से खेल सकता हूँ।

---

तेरे ख़याल में तेरी जफ़ा शरीक नहीं
बहुत भुला के तुझे कर सका हूँ याद तुझे।

---

(1943 ई.)

1. पेशानी 2. निकलना 3. जिसका कोई स्थान नहीं परमात्मा 4. व्यापकता 5. अंधकारमय जीवन

## 73

नसीबे-ख़फ्ता[1] के शाने झंजोड़ सकता हूँ
तिलस्मे-ग़फ्लते-इन्सान को तोड़ सकता हूँ।
न पूछ, है मेरी मजबूरियों में क्या कस बल
मशिय्यतों की कलाई मरोड़ सकता हूँ।
उबल पड़े अभी आबे-हयात के चश्मे,
शरारो-संग को ऐसा निचोड़ सकता हूँ।
बहार जल के ख़िज़ाँ हो, ख़िज़ाँ लहक के बहार,
चमन में ऐसे शगूफ़े भी छोड़ सकता हूँ।
निगाहे-ग़ैब भी जिन तक अभी पहुँच न सकी,
इन उँगलियों से वह तारे भी तोड़ सकता हूँ।
न ज़हद में वह लचक है न वह गुनह में कशिश,
कि ख़ैरो-शर के सिरों को भी जोड़ सकता हूँ।
है ज़ेरो-बम मेरी लय का हरीफ़े-ज़र्बे-कलीम
बुलन्द व सख़्त चटानों को फोड़ सकता हूँ।
मेरे ही सीने में लहरा रही है बर्के-सहर,
शबे-स्याह की ज़ंजीर तोड़ सकता हूँ।
'फ़िराक़' देख बदलती है मंज़िले-आफ़ाक़,
कि मह-ओ-माह की मैं बाग मोड़ सकता हूँ।

(1943 ई.)

1. कम

## 74

नहीं हैं फूल तो ख़ारों को छेड़ सकता हूँ,
ख़िज़ाँ में रफ़्ता बहारों को छेड़ सकता हूँ।
हज़ारो शम्सो-क़मर[1] पहलुओं में हैं जिन के
उन अहले-दिल के गुबारों को छेड़ सकता हूँ।
ज़माँ मकाँ हैं शगुफ़्ता-ए-निगाहे-शायर से,
तमाम उदास नज़ारों को छेड़ सकता हूँ।
कुछ और रोके हुए खन्दा-हाए[2] ज़ेरे-लबी[3],
दबे-दबे से शरारों को छेड़ सकता हूँ।
निगाहे-शौक़ से साज़े-जमाल बोल उठे,
मैं इस रबाव के तारों को छेड़ सकता हूँ।
अगर इनायते-ख़ूवाँ[4] है ज़िन्दगी का मदार
तो ज़िन्दगी के सहारों को छेड़ सकता हूँ।
तमाम रम्ज़ बना दूँ यह सादगी-ए-निगाह,
तेरी नज़र के इशारों को छेड़ सकता हूँ।
इशारा है यह तेरे ज़ेरे-लब तबस्सुम का,
निगाहे-नाज़ के मारों को छेड़ सकता हूँ।
नए सिरे से पड़े जान, जीते मुर्दों में,
मैं चलते फिरते मज़ारों को छेड़ सकता हूँ।
जो तेरे गेसूए पुरख़म से खेल भी न सकें,
उन उँगलियों से सितारों को छेड़ सकता हूँ।
'फ़िराक़' ग़म भी मेरा है हरीफ़े-ज़िन्दादिलीं
फ़सुर्दगी में भी यारों को छेड़ सकता हूँ।

(1943 ई.)

1. सूरज-चांद 2. मुस्कराहटें 3. होंठों के नीचे 4. महबूब

## 75

देख तू इब्तिदा नहीं, सोच तू इन्तिहा नहीं,
दर्दे-हयात अलामाँ उठ के जो उठ चुका नहीं।
एक सिरे से बज़्मे-नाज़ ख़लवते-राज़ हो गई,
शिकवाबर[1] मिला भी आज, शिकवा बर मिला नहीं।
हिज्र फ़रेबे-दर्द था और यह ऐने-दर्द है,
हुस्न का सामना है आज इश्क़ का सामना नहीं।
राज़े-जमाले-नो ब नो तू ही बता कि मैं तुझे
खो के भी खो सका नहीं पा के भी पा सका नहीं।
कर गई काम वह नज़र गो उसे आज देखकर,
दर्द भी उठ सका नहीं रंग भी उड़ सका नहीं।
माथे पे मैल आ न जाए इश्क़ की रूए दाद है,
कैफ़ियते-वफ़ा नहीं, तज़्किरा-ए-जफ़ा नहीं।
आज तो ख़्वाबे-ज़िन्दगी जाग उठा तड़प उठा,
गुलगुला-ए-जुनूने-इश्क़ हश्र का गुलगुला नहीं।
तेरी कशीदगी में आज शाने-सुपुर्दगी भी है,
हुस्न के बस में क्या है और इश्क़ के बस में क्या नहीं।
और हैं नाउम्मीदियाँ इश्क़ की यों तो हम नशीं,
आह भी बे असर नहीं नाला भी नारला नहीं।
कुछ तो सकूँ ज़रूर है इश्क़ के इज़्तिराब को,
अब वह निगाहे-आश्ना इतनी भी आश्ना नहीं।

---

1. शिकायत करनेवाला

तर्ज़े-सितमगिरी तेरा खुल न सका जहान पर
तू ही बता दे अब उसे मैं तो बता सका नहीं।
मुझको ख़राब कर गया और कोई फ़ुसूने-हुस्न[1],
इश्वा[2] नहीं, हया नहीं, नाज़ नहीं, अदा नहीं।
दर्द चमक के रह गया आँखें झपक के रह गईं,
इश्क़ अगर है बेहिजाब हुस्न भी कम नुमा नहीं।
इससे तो कुफ़्र ही भला जो है इसी जहान में,
ऐसे खुदा से क्या जिसे फ़ुर्सते-मा'सवा नहीं।
वह कोई वारदात है जिसको कहें कि हो गई,
दर्द उसी का नाम है जो शबे-ग़म उठा नहीं।
याद तो आए जा कि फिर, होश उड़ाए जा कि फिर
छाने की यह घटा नहीं चलने की यह हवा नहीं।
जल्वा दहे-हयात है बर्क़-ए-सकूते-नाज़ भी,
उफ़ वह पयामे-ज़िन्दगी तूने जिसे सुना नहीं।
देख लिया वहाँ तुझे दीदए-ऐतबार ने
हाथ को हाथ भी, जहाँ सुनते हैं सूझता नहीं।
गर्द हो मर्गे-नाँगहा[3] रहगुज़रे-हयात की,
इतनी गुरेज़पा अभी उम्रे-गुरेज़ पा नहीं।
इश्क़ फरेब खा गया साज़े-निशाते-हुस्न का
मौजे-तबस्सुमे-निहाँ कान पड़ी सदा नहीं।
रंजो-निशातो-बेहिसी के तो फ़रेब खा चुके
इश्क़ को अब वह दर्द दे जिसकी कोई दवा नहीं।
साफ जबीने-नाज़ पर खुल गए राज़े-बन्दगी,
यों तो तेरे भी सामने सर यह कभी झुका नहीं।
कौलो-क़रार भी तेरे ख़्वाबो-ख़याल हो गए,
जो न कहा था हुस्न ने इश्क़ को भूलता नहीं।
दिल को 'फ़िराक़' आँच दे सोज़े-निशाते इश्क़ की,
हासिले-शौला हाए ग़म ख़ाक है कीमिया[4] नहीं।

---

1. सौन्दर्य का जादू 2. चमत्कार 3. व्यर्थ की मृत्यु 4. रसायन

मिज़ाजे-हुस्न से मिलता है इश्क़ का भी मिज़ाज़,
वह एतदालो[1]-तवाज़न[2] कहाँ से पैदा हो ?

---

तू जितनी देर ठहरता है मेरे पास ऐ दोस्त,
वह कम नहीं जो उचटता हुआ क़याम न हो।

---

(1940 ई.)

1. समता 2. संतुलन

## 76

यह तो नहीं कि इश्क़ पर नाज़े-बुताँ गिराँ नहीं,
हाँ, मगर अब इलाजे-ग़म आह नहीं, फुगाँ नहीं।
माज़ी-ओ-हाल के रमूज़ तुझ पर अभी अयाँ नहीं
यह तेरी उम्रे-रायगाँ इतनी रो रायगाँ नहीं।
आह वह मंज़िले-मुराद दूर भी है करीब भी,
देर हुई कि काफ़िले इसकी तरफ रवाँ नहीं।
आह वह शिद्दते-हयात जो न अमल में जगमगाए
रंगे-निशातो-कैफ़े-ग़म इश्क़ के तर्जुमाँ नहीं।
उफ़ यह सदा[1] के जल्द आ उफ़ यह निदा[2] के द्वर बाश
काविशे-क़ुर्ब व बुअद का कोई भी राज़दाँ नहीं।
दैरो-हरम हैं गर्दे-राह-नक्श-ए-कदम हैं मेहरो-माह
इनमें कोई भी इश्क़ की मंज़िले-कारवाँ नहीं।
नज़्मे-जहाँ बदल न जाए, अहले-जहाँ सुकूँ पाए
इश्क़ से यह यकीं नहीं हुस्न से यह गुमाँ नहीं।
किस ने सदाए-दर्द दी किस की निगाह उठ गई
अब वह अदम, अदम नहीं अब यह जहाँ, जहाँ नहीं।
अहले-वफ़ा का इन्तज़ार लौ सी कहीं न दे उठे
हुस्न की तेगे-खुश ग़िलाफे-दैर से रवाँ नहीं।
कान पड़ी सदा भी आज गुम है, सुकूते-यास में
शोला-ए-साज़े-ज़िन्दगी गुलगुला-ए-जहाँ नहीं।

---

1. आवाज़ 2. आवाज़

गर्दो-गुबारे से है साफ़ ग़म की फ़ज़ाए-बेकराँ
अब तो फ़ना व इश्क़ के मौत भी दरमियाँ नहीं।

अहले-वफ़ा गुज़र गए तेग़-ब-कफ़-कफ़न बदोश
मक़तले-नाज़े-हुस्न भी मंजिलें-जाविदाँ नहीं।

मुर्दा दिलों से क्या सुनें शरह व बयाने-ज़िन्दगी
सीने में बिजलियाँ नहीं जलती हुई जबान नहीं।

इश्क़ न मिट सका तो फिर किस लिए ख़ूने-आरज़ू
अब कोई और दर्द दे यह कोई इम्तेहाँ नहीं।

इश्क़-हयाते महज़ की लरज़िश बेक़रार है,
दर्दे-निहाँ की ज़िम्मेदार साज़िशे-जिस्मो-जाँ नहीं।

बारे-सकूँ न उठ सका हस्ती-ए-बेकरार से,
रोज़े-अज़ल से दोश पर कोहे-अलम गिराँ नहीं।

खून शहीदे-इश्क़ का आज है ज़ेब दास्ताँ,
नारा-ए-इन्क़लाब है मातमे-रफ़्तगाँ नहीं।

वक़्ते-बयाने ग़म कुछ आज खो से गए हैं हम 'फ़िराक़'
कौन सुने कि खुद हमें माइले-दास्ताँ नहीं।

---

[illegible] क्या कुछ दिनों के बाद, यह दुनिया भी दुनिया हो
यह क्या कम है मुहब्बत को मुहब्बत कर दिया मैं ने।

---

अभी बहुत ठोकरें हैं खाना अभी बहुत चाल चूकना है,
अभी बहुत गुल हैं खिलनेवाले, अभी बहुत ख़ूँ थूकना है।

---

(1940 ई.)

# 77

हरी-भरी भी हो सकी दिलों की सरज़मीं कहीं
पड़ी तेरी निगाह भी कभी-कभी कहीं-कहीं।
इशारे खुल के कर सकी निगाहे-शर्मगीं कहीं,
यह सब सही पै हो न हो यह बिजलियाँ गिरी कहीं।
यह तीरगी[1] यह अबतरी यह निकहतें[2] यह मस्तियाँ
कि खुल पड़ी हो जिस तरह वह ज़ुल्फ़े-अन्बरी कहीं।
निगाहे-नाज़ पर्दे पर्दे में थी माइले-करम
वह रस्म-ए-दिलवरी नहीं, अब-ए-दिले-हज़ीं कहीं
तमाम इन्क़लाब है मजाल क्या ठहर सके
यह दौरे-आसमाँ कहीं यह गर्दिशे ज़मीं कहीं।
मुझे बता रहे हैं बेनियाज़ शौको-आगही
तेरी निगाह ने भी यह कहानियाँ सुनीं कहीं ?
बस इब्तदा[3] ही इब्तदा है ज़िन्दगी-इश्क़ में
कि भूल भी सकी तेरी निगाह अव्वलीं कहीं।
पड़ी निगाह दिल पर और बिनाये-दहर हिल गई
कहीं थी और पहुँच गई यह मौजे-तैह नशीं कहीं।
कहाँ यह दौरे-आसमाँ कहाँ यह नज़्मे-ज़िन्दगी,
हज़ारों ऐसी महफ़िलें वह आँखें ले उड़ीं कहीं।
ग़मे-निहाँ के अक्स हैं, जिराहतों के अक्स हैं
चमन-चमन जहाने-रंगो-बू न हों हमीं कहीं।

---

1. स्याही 2. खुशबू 3. आरंभ

कहीं तो दाग़े-सोज़े-इश्क़ रोशन और हरे भरे,
धुवाँ धुवाँ उदास उदास वह रुखे हसीं कहीं।
चमन की राज़दारियों का ऐ सबा[1] ख़याल कर
अरे लहू न दे उठे गुलों की आस्तीं कहीं।
हम अहले-दर्द को कुछ ऐसी वहशतें नहीं मगर,
कोई दयारे[2]-आफ़ियत[3] बता न दो तुम्हीं कहीं।
दिलो-जिगर बचा के तू ने जो दिए थे इश्क़ को
वह ज़ख़्म उभर चले कहीं वह चोटें रह गईं कहीं।
मामले न खुल सके निगाहे-रंग-रंग के
है जलवत[4] आफ़रीं कहीं है ख़िलवत[5] आफ़रीं कहीं।
उसे गुज़रते देखकर झपक के आँख रह गईं
शरारे-उड़ गए थे कुछ अभी-अभी यहीं-कहीं।
'फ़िराक़' ज़ेरे-आसमान चमक भी है धुवाँ भी है
कि जैसे उठ रही हों वह निगाहें सुरमगीं कहीं।

---

चुप हो गए तेरे रोनेवाले
दुनिया का ख़याल आ गया है

---

(1940 ई.)

1. प्रातःकाल की वायु 2. देश 3. नेकी, कुशलता 4. एकत्रित लोग 5. एकांत

## 78

याद न कर दिले-हज़ीं भूली हुई कहानियाँ,
उठती हुई जवानियाँ हुस्न की शादमानियाँ।
उफ़ तेरी परसिशे-करम उफ़ तेरी मेहरबानियाँ,
बढ़ती ही जा रही हैं देख इश्क़ की बदगुमानियाँ।
मोज ठहर सकीं कहीं सतह पे हो के तह नशीं[1]
इश्क़ में बेस्कूँ यूँही कटती हैं ज़िन्दगानियाँ।
रंगो-बहारे-ज़िन्दगी ख़ून के आँसुओं से है,
इश्क़ की गुलफ़िशानियाँ इश्क़ की शादमानियाँ।
यह भी कोई जहाँ है, यह भी कोई निज़ाम है,
आहो-दिल जहाँ नहीं इश्क़ की हुकमरानियाँ।
आज फ़िज़ा की ख़ामुशी कुछ उसे फिर सुना गई,
भूली हुई थीं इश्क़ को हुस्न की खुशबयानियाँ।
उफ़ यह फ़िज़ा उदास-उदास आह यह मौज़े-दूदे[2]-शाम
याद सी आके रह गई दिल को कई कहानियाँ।
इश्क़ के हर निशात में रंगे-जिराहते-निहाँ,
नश्तरे-नाज़ हुस्न की मिट न सकीं निशानियाँ।
पूछ न किस तरह उड़ा रंगे-सुकूते-सरमदी,
इश्क़ की बाज़ पुर्स पर हुस्न की बे ज़ुबानियाँ।
इससे ज़्यादा और क्या अब कोई नामुराद हो
आज नज़र से गिर चलीं इश्क़ की कामरानियाँ।

---

1. नीचे 2. धुआँ

राज़े-हयात कह गए इश्क़ के किश्तगाने[1]-ग़म,
दर्स-ए-हयात[2] दे गई हुस्न की शादमानियाँ।
मेरे सुकूते-यास ने रंगे-जहाँ बदल दिया,
आहो-फ़ुग़ा से कब हुई इश्क़ की तर्जुमानियाँ।
राज़े-निशाते-बेकराँ एक जहाँ से कह गई,
दर्दे-हयात की तरह उठती हुई जवानियाँ।
देख यह रंगे-हुस्नो-इश्क़ बाद को रंग लाए क्या
कुछ तुझे बदगुमानियाँ कुछ मुझे बदगुमानियाँ।
इश्क़ के ऐतदाल से मिलती हैं सबकी सरहदें,
अपने हुदूद ही में हैं बहर की बेकरानियाँ।
उमड़ी घटा में बिजलियाँ जैसे चमक के रह गईं,
आज तो याद आ गई हुस्न की महेरबानियाँ।
अक्स सा पड़ के रह गया, जैसे तेरी निगाह का,
याद सी आके रह गई भूली हुई कहानियाँ
और ही रंग है 'फ़िराक़' अब तो शऊरे-इश्क़ का
अब न वह खुश गुमानियाँ अब न वह बदगुमानियाँ।

(1940 ई.)

1. खेती करनेवाले 2. जीवन की शिक्षा

## 79

वह मायूसाने ग़म से वक्त की घातें नहीं होतीं,
'फ़िराक़' अब वह सहर ता आशना रातें नहीं होतीं।
हम आहंगी भी तेरी दूरी-ए-कुर्बतनुमा निकली,
कि तुझसे मिलके भी तुझसे मुलाकातें नहीं होतीं।
वह आलम और ही है, जिस में मीठी नींद आ जाए,
खुशी और ग़म में सोने के लिए रातें नहीं होतीं।
ज़बानो-गोश की नाकामियों का कुछ ठिकाना है,
कि बातें हो के भी तुझ से, बातें नहीं होतीं।
ए वाइज़ तेरी रस्मे-इबादत में धरा क्या है,
निगाहें अहले-दिल की कब मुनाजातें[1] नहीं होतीं।
समझ कुछ राज़े-हुस्नो-इश्क़ के शब हाए[2] हिज्राँ में
कि रोने के लिए यह दुख भरी रातें नहीं होतीं।
न अनबन है न रस्मो-राह दीरीं बन्द है लेकिन,
किसी से अब वह पहली सी मुलाकातें नहीं होती।
जो क़ुर्बत को करें क़ुर्बत जो ख़िलवत को करें ख़िलवत
वही रातें नहीं होतीं, वही बातें नहीं होतीं।
लहक उठते थे गुलशन चार झोंकों चार छींटों में,
हवाएँ वह नहीं चलतीं वह बरसातें नहीं होतीं।
जिन्हें पाकर निगाहों में दो आलम हेच[3] होते थे,
अब उन नज़रों के हाथों वह सौग़ातें नहीं होतीं।
'फ़िराक़' ऐ काश सुननेवालों के सीनों में दिल होता,
हक़ीक़त होती है अशआर में बातें नहीं होतीं।

(1941 ई.)

1. ईश-प्रार्थना 2. रात का बहुवचन 3. तुच्छ, नगण्य

## 80

मौजे-सबा की पूछ न सफ़्फ़ाक़े-दस्तियाँ,
डूबी हुई हैं ख़ून में फूलों की बस्तियाँ।
मस्ती हो या ख़ुमार हो कर मय-परस्तियाँ,
बे-सूद रिफअतें[1] हैं न बेकार पस्तियाँ[2]।
बढ़ती चली हैं नर्गिसे-राना की मस्तियाँ,
गिरती चली निगाहों से अब मय परस्तियाँ।
ऐ दोस्त, कुछ तो सोच कि दुनिया बदल गई,
अब इस कदर न होश न इस दर्जा मस्तियाँ ।
शायद मेरे सिवा कोई इस को समझ सके,
किस तरह एक नज़र से बदलती हैं हस्तियाँ।
ऐ कारवाने-राहतो-ग़म दिल है वह मुक़ाम,
दिन रात जिस दयार[3] में लुटती हैं बस्तियाँ।
ख़ोई हुई सी इश्क़ की हस्ती क़बूल कर
पल्ले न होश है, न गिरह में हैं मस्तियाँ।
ग़म किश्तगाने-इश्क़ से इतना न कर गुरैज़,
कुछ काम आ रहेंगी यह बेकार हस्तियाँ।
आवाज़पा-ए-नाज़[4] को भी मुद्दतें हुईं,
सूनी पड़ी हैं कब से तेरे ग़म की बस्तियाँ।
दोनों से बे नियाज़ हूँ क्या मौत क्या हयात,
है रश्के[5]-सद[6] निशात मेरी ग़म परस्तियाँ।

---

1. ऊँचाइयाँ 2. नीचाइयाँ 3. मुकाम 4. प्रेमिका की पदचाप 5. ईर्ष्या 6. सौ

इस जेबे-तार-तार को ख़ाली न जानना,
बस्ती हैं बेखुदों के गिरेबाँ में बस्तियाँ।

सुनते हैं हुस्न दर्द की तस्वीर हो चला,
कुछ ला चली हैं रंग मेरी ग़म परस्तियाँ।

कब हमख़याले-इश्क़ हुआ हुस्न बदगुमाँ,
गो खुद परस्तियाँ थीं मेरी हक परस्तियाँ।

अब यादे रफ़्तगाँ[1] की भी हिम्मत नहीं रही
यारों ने कितनी दूर बसाई हैं बस्तियाँ।

उस की निगाहे-नाज़ की क्या बात है 'फ़िराक़'
दामन में होश है, तो गिरेबाँ में मस्तियाँ।

---

मैं पाके भी तुझे कुछ मुन्तज़िर सा हूँ तेरा,
यह दिल का क़ौल है तो आप अपनी आहट है।

---

(1937 ई.)

1. बीती यादें

# 81

यह डर रहा हूँ कि ऐसे में वह न याद आ जाएँ
यह काली-काली घटाएँ यह ऊदी-ऊदी हवाएँ।
कहाँ तक आह तलाशे-अजल में जान खपाई,
'फ़िराक़' आओ इसी ज़िन्दगी को मौत बनाएँ।
दमे अख़ीर किसी की जफ़ाएँ क्यों याद आएँ,
हमें भी चाहिए इस वक़्त जी में कुछ शर्माएँ।
यह बोझ लेके अगर गिर पड़ें तो बेड़ा पार,
उठे न बारे-मुहब्बत तो खेप ही हो जाएँ।
यह क्या कहा न रहे इश्क़ और मिलते रहें,
अब ऐसी बातों में क्या है कहो तो मुँह न दिखाएँ।
हैं गरचे अहले-नज़र को बड़े-बड़े दावे,
कहीं वह जलवानुमा हो तो देखते रह जाएँ।
ग़र्ज़ कि होश में आना पड़ा मुहब्बत को,
हमीं को देख लें दीवाने तेरे दूर न जाएँ।
ज़माने की भी तो है दास्ताने रंगा रंग,
फ़साना अपनी मुसीबत का ताबः के धर आएँ।
फ़िज़ाए-दश्त[1] भी पहचानती है यह आवाज़,
दिले-ख़राब को यह कौन दे रहा है सदाएँ।
हर आज़माइशे-राहे-तलब बजा लेकिन,
तेरी तलाश में दर-दर की ठोकरें तो न खाएँ।

---

1. जंगल का वातावरण

अरे यह आँखों ही आँखों में जाने क्या कहा जाए,
निगाहे शौक़ है बेबाक इस को मुँह न लगाएँ।
मामला तो सुलझता नज़र नहीं आता,
बनाएँ इश्क़ से बातें कि हुस्न को समझाएँ।
सवाले-ग़म का भी निकला सवाले-मंज़िले-ग़म,
कि हसरतें तो वही हैं जो खाक़ में मिल जाएँ।
विसालो-हिज्र का ऐसों के कुछ ठिकाना है,
कि जाके भी जो न जाएँ और आके भी जो न आएँ।
यह तेरी अंजुमने-नाज़ बज़्मे-ग़ैर नहीं,
हमारा काम नहीं कुछ यहाँ तो क्या उठ जाएँ।
ज़माना बदला है एक आध करवटों से कहीं,
अभी अनासिरे[1]-आलम कुछ और पलटे खाएँ।
बहार में न खिले दिल, खिज़ाँ है दूर अभी,
न खुल सका कि यह गुंचे[2] अभी से क्यों मुरझाएँ।
मुग़ायरत[3] को छिपाना है दिल दही क्या है,
कहाँ तक इस निगहे-आशना के धोके खाएँ।
जहाँ मैं तर्क-ए-ताल्लुक नहीं है तरके-रस्म,
वह सामने हैं तो हम भी कहाँ तक आँख चुराएँ।
अरे यह रंज यह मायूसियाँ बजा लेकिन,
तुझे भी अहले-मुहब्बत ज़रा पुकारे जाएँ।
न पूछ इश्क़ के दुख-सुख को पी गए किस तरह,
कोई उतारे उनको तो चीथड़े उड़ जाएँ।
क़यामतें न उठाना भी एक क़यामत है,
यह क्या ज़रूर कि मस्ते-ख़िराम[4] हशर ही ढाएँ।
समय का फेर कहीं या समय की बलिहारी,
निगाहें अपनी जगह हों और इस तरह फिर जाएँ।
अज़ल से रौनक़े-बज़्मे-जहाँ हैं क़ल्बे-तपाँ,
यह अंजुमन भी हवा हो जो यह कँवल बुझ जाएँ।
यह मद में डूबी फ़िज़ा यह सुकूते-नीम शबी,
कहो कि तारों की आँखों कोई फ़साना सुनाएँ।

1. तत्वों 2. कली 3. प्रतिकूलता 4. खुशियाँ

करें तो किस से करें शौक़े-नारसा का गिला,
रुकें तो पाँव न मानें चलें तो मुँह की खाएँ।
रगे-हयात न थर्रा के टूट जाएँ कहीं,
ठहर-ठहर के वह जुल्फ़ें न इस तरह बल खाएँ।
वह बे नियाज़ यहाँ मौतो-ज़िन्दगी यकसाँ,
दुआ बजा, मगर ऐसे में किस की ख़ैर मनाएँ।
निगाहे-अहले मुहब्बत तमाम सौगन्दस्त,
खुलूसे-शौके निहाँ देख ले क़सम क्या खाएँ।
जो देख लें वह तेरे खंदाःहाए[1] ज़ेरे लबी,
चमन में गुंचा-ए-गुल[2] दिल मसोस के रह जाएँ।
लिये रहें वह जमाने में अपनी बे फ़िक्री
जो ग़म शनास नहीं वह खुशी को मुँह न चिढ़ाएँ।
फ़रोगे-अंजुमने-दहर मेहरो-माह सही,
जो आग दिल में लगी है उसे भी उकसाएँ।
जो फ़राग़ हैं यूँ पाएँ ज़िन्दगी का मज़ा,
कि साँस भी न रुके और दम भी घुटते जाएँ।
दिलों में ठान चुके हैं हम अहले-ग़म क्या-क्या,
वह टोक दें तो यह मन्सूबे सब धरे रह जाएँ।
कुछ आदमी को हैं मजबूरियाँ भी दुनिया में
अरे वह दर्दे-मुहब्बत सही तो क्या मर जाएँ।
न ख़त्म हो जो कभी वह भी दास्ताँ हुई ख़त्म,
झपक रही हैं सितारों की आँखें अब सो जाएँ।
'फ़िराक़' बाद को मुमकिन यह भी हो न सके,
अभी तो रो भी ले कुछ हँस भी ले, वह आएँ न आएँ।

(1940 ई.)

1. फूल की कली 2. दुःख की पहचान करनेवाला

## 82

बस इक दामने-दिल गुलिस्ताँ-गुलिस्ताँ,
गरेबाँ-गरेबाँ, बयाबाँ-बयाबाँ।
हिजाबों में भी तो नुमायाँ-नुमायाँ,
फ़रोज़ाँ-फ़रोज़ाँ, दरख़्शाँ-दरख़्शाँ।
तेरे ज़ुल्फ़ो-रुख का बदल ढूँढ़ता हूँ,
शबिस्ताँ-शबिस्ताँ, चिराग़ाँ-चिराग़ाँ।
ख़तो-ख़ाल की तेरे परछाइयाँ हैं,
ख़याबाँ-ख़याबाँ, गुलिस्ताँ-गुलिस्ताँ।
वह थे राज़े-पिन्हाँ जिसे सबने समझा,
हुवैदः-हुवैदः[1], नुमायाँ-नुमायाँ।
जुनूने-मुहब्बत उन आँखों की वहशत,
बयाबाँ-बयाबाँ, ग़ज़ालाँ-ग़ज़ालाँ।
हो क़ौसे-क़ज़ाह शबनम आलूद जैसे,
वह रंगीन पैकर पशेमाँ-पशेमाँ।
ब क़ामत कि खुरशीद अंगड़ाइयाँ ले,
उमड़ती जवानी खुमिस्ताँ-खुमिस्ताँ।
लपट मश्के-गेसू की तातार-तातार,
दमक लाले-लब की बदख़्शाँ-बदख़्शाँ।
झला झल सजल रूप का रसमसाना,
तहे शबनमिस्ताँ चिराग़ाँ-चिराग़ाँ।
है सीना कि संगीत पिछले पहर का,
वह चेहरा के ऊषा पशेमाँ-पशेमाँ।

---

1. प्रकट, व्यक्त

कमर से ख़जल[1] रक़्से-शोला की मौजें,
नज़र से फिज़ाएँ गुलिस्ताँ-गुलिस्ताँ।
यह खुशबू-ए-गेसू कि बेखुद हों आहू[2]
यह आँखों का जादू, परिस्ताँ-परिस्ताँ।
वही इक नज़र डूबती जा रही है,
वही एक नश्तर रगे-जाँ रगे-जाँ।
वही एक तबस्सुम चमन दर चमन है,
वही पंखड़ी है, गुलिस्ताँ-गुलिस्ताँ।
यह साज़े-ख़मोश आज लौ दे रहा है,
सुकूते-नज़र भी ग़ज़लख़्वाँ-ग़ज़लख़्वाँ।
सरासर है तस्वीर जमयियतों की,
वह गेसुए पुरख़म परीशाँ-परीशाँ।
चले आ रहे हैं, चले जा रहे हैं,
कहाँ से किधर को, ख़िरामाँ-ख़िरामाँ[3]।
कहाँ उठ रही है, कहाँ पड़ रही है,
निगाहे-मुहब्बत परीशाँ-परीशाँ।
हर इक वाकेआ दर्द आमूज़े-उलफत[4]
वही दर्से-मातम दबिस्ताँ-दबिस्ताँ[5]।
ज़मीं ता फलक़ शामे ग़म का धुँधलका
मुहब्बत की दुनिया हिरासाँ-हिरासाँ[6]।
यह ग़म के शरारे मुहब्बत-मुहब्बत,
यह जगमग सितारे हसीनाँ-हसीनाँ।
वह सुबहे-अज़्ल हो के रोज़े-क़यामत,
धुन्दलका धुन्दलका, शबिस्ताँ-शबिस्ताँ।
यही जज़्बे-पिन्हाँ की है दाद काफ़ी,
चले आओ मुझ तक मुरेजाँ-मुरेजाँ।
कहीं यूँ भी बदली हैं ग़म की फ़िज़ाएँ,
वही बादो-बाराँ बहाराँ-बहाराँ।
'फ़िराक़े'-हज़ी से तो वाक़िफ़ थे तुम भी,
वह कुछ खोया-खोया, परीशाँ-परीशाँ।

(1946 ई.)

1. शर्मिन्दा 2. हिरन 3. धीरे-धीरे 4. प्रेम के दर्द से भरा हुआ 5. स्कूल 6. डरा हुआ, निराश

## 83

उम्मीदे-दीद[1] बढ़ के न फुर्क़त की शाम हो
यह हश्र-आरज़ू[2] भी न सौदाए-ख़ाम[3] ·हो।
फुर्क़त हो या विसाल, फ़ना या दवाम[4] हो,
ऐ इश्क़े-मुज़तरिब कहीं तुझ को क़याम हो।
अल्लाह रे-इज़तराब कि जिस इज़तराब का,
मौजे-फ़ना भी एक असरे नातमाम हो।
यूँ ही लिए दिए सरे-बज़्म ऐ निगाहे-नाज़,
इस लुत्फ़े ख़ास में भी इक अन्दाज़े आम हो।
रुसवाइयों का खौफ़ भी आख़िर फरेब है,
ऐ दर्दे-आशिक़ी ग़मे बेनंगो-नाम हो।
ले सरहदे-वजूदो-अदम भी गुज़र गई,
ऐ कल्बे-मुज़तरिब कहीं तुझ को क़याम हो।
गुलज़ारे-दहर में वह गए बेसिवात[5] हों,
जिसकी शिकस्ते-रंग में कैफ़े-दवाम हो।
उस जलवा-गाहे-नाज़ में ऐ इश्के-ग़म नसीब,
जाने को जा ज़रूर मगर कोई काम हो।
आलम तमाम शोख़ी-ए-रफ़्तारे-यार है,
ठहरे न आँख नाम को भी गर क़याम हो।
पर्दे में है जो हुस्न तो यह रंगे-दहर है,
यह तेग़े-आबदार अगर बे नियाम[6] हो।

---

1. दर्शन 2. इच्छा का परिमाण 3. कच्चा 4. सदा रहना 5. अस्थिर 6. तलवार का म्यान

ता के रहने शाने-तग़ाफ़ुल हयाते-इश्क़,
ऐ दोस्त इक निगाह कि क़िस्सा तमाम हो।

साक़ी वह रंगे-नर्गिसे-राअना[1] के बज़्म[2] में,
रिन्दों[3] को भी ख़बर न हो गर्दिश में जाम हो।

दिल चाहता है वादा-ए-जानाँ को उस्तवार,
ऐ दाए-इश्क़ में भी अगर इन्तज़ाम हो।

हैरत सराय-इश्क़ में खो जाइए जहाँ
दिन हो न रात हो न सहेर हो न शाम हो।

दिले-इश्क़ में वह आलमे-इसरार हो 'फ़िराक़'
जो होश सर बसर हो, जो ग़फ़लत तमाम हो।

---

हुआ है गर्दिशे-दौराँ का एक दौर तमाम,
सुकूने यास जो हासिल हुआ मुहब्बत को।

---

(1937 ई.)

1. सुन्दर नर्गिस फूल का रंग 2. महफिल 3. परहेज़गार, संयमी

## 84

कोई रगे-दिले-अफ़सुर्दा[1] आज फिर उकसाओ
फिर आज ग़म के शबिस्ताँ[2] में इक़ चिराग़ जलाओ
यह इमतेज़ाज तो देखो सकूनो-लरज़िश का
नज़र फ़रेब है क्या जिस्म के ख़तों का खिंचाव।
अरे खुद अपना फरेबे-निगाह क्या कम हैं,
यह क्या ज़रूर कि उस की नज़र के धोके खाओ।
निज़ामे-दहर में पहला सा अब कहाँ कस बल
कि हुस्नो-इश्क़ में अब कोई लाग है न लगाव।
न इश्क़ ही को ख़बर हो न हुस्न ही जाने,
किसी से आलमे-मस्ती में इस तरह खुल जाओ।
जहाँ में है बड़ी चीज़ खुद फरेबी-ए-इश्क़,
किसी का अहदे-वफ़ा झूठ ही हो, मान भी जाओ।
अब उनसे रोज़ की ग़मख्वारियाँ नहीं उठतीं,
अरे तुम इससे तो अहले-वफ़ा को भूल ही जाओ।
उदास उसने हम अहले-रज़ा को देख लिया,
निगाहे-नाज़ से अब जल्द कोई बात बनाओ।
हयातो-मर्ग[3] का अब इमतियाज़[4] उठता है,
बला से कुछ हो, मुहब्बत को नाम तो न धराओ।
अगर मसाइबे[5]-दुनिया को दूर करना है,
कुछ अपनी-अपनी मुसीबत से बेख़बर हो जाओ।

---

1. उदास दिल की नस 2. रात की जगह 3. जीवन और मृत्यु 4. विभेद 5. मुसीबतें

फ़लक़ पै गौश बर आवाज़[1] हैं सितारे भी,
है रात कितनी सुहानी कोई फ़साना सुनाओ।
फिर उसकी उठती जवानी की खींच दो तस्वीर,
शराबे-नाब की फिर वह गुलाबियाँ छलकाओ।
अभी तो बुलबुलें आसूदा-ए-नशेमन[2] हैं
गुलो कुछ और अभी रंगो-बू के जाल बिछाओ।
मिलेगी जिन्से-गिराँ हुस्न की न दौलत से
जो मोल लें तो हो मालूम आटे दाल का भाव।
कहो दयारे-मुहब्बत के रोनेवालों से,
हज़ार फ़ित्ने उठाओ, उस आँख को न जगाओ।
यह तेरा जिस्म है या रागनी है आके खड़ी
कि आज तक तो न देखा था यह बदन का रचाव।
न पूछ उलझी हुई गुत्थियाँ मुहब्बत की
न पूछ हुस्न की बातों में कितना है सुलझाव
कहाँ फिर उसकी नज़र की यह क़ैफ़ सामानी
छिड़ा है नग़मा साज़े-हयात झूम भी जाओ।
बिसाते-नाज़ पै तू है कि कोई देवी है,
भौंहों की नरम लचक अंखड़ियों का नरम झुकाव।
जो देखना हो ख़िरामे-सकूँ नुमा उसका,
तो देख ले मेरी लय की रवानी और ठहराव।
लहू की बूँद है दिल, शाने-मद्दो-जुज़[3] तो देख,
किसी नदी का हो जैसे उतार और चढ़ाव।
नसीम गैसुए-मुश्कीं से ताबा के उलझे,
इसे तुम अब सूए गम गश्तगाने-ग़म सनकाओ।
करो न गिरया-ए-मासूमे इश्क़ को रुसवा,
चमकते झूठ से पानी में तो न आग लगाओ।
अगरचे सादा या कितना गुनाह आदम का,
वह रंग लाता है क्या-क्या अभी तो देखते जाओ।
बजा[4] यह तर्के मुहब्बत, बजा यह अज़्मे मुहाल[5]
किसी को ख़ैर न अब चाहना क़सम तो न खाओ।

---

1. किसी बात को सुनने का उत्सुक 2. घोंसले में संतुष्ट 3. उतार-चढ़ाव 4. ठीक 5. कठिन इरादा

मुझे पयाम-ए-अमल दे के तुम जो भूल गए,
तो हो के सर्फे-अमल भी मैं क्या करूँगा, बताओ।

निहाँ थी नज़्मे जहाँ में यह जंगे-आलमगीर,
किसे पड़ी है करे ऐसे में जो बीच बचाव।

बजा है ऐसी ही नाजुक घड़ी में उठना था
जो बेक़रार हूँ इतना, सँभल भी जाऊँगा, जाओ।

तड़प को हम ने बनाया सुकूने-बे-पायाँ
हमारी दुखभरी लै में है किस क़दर ठहराव।

'फ़िराक़' उस की मुहब्बत से बाज़ क्यूँ आए
अब इस में एक जहाँ से बिगाड़ हो के बनाओ।

---

जिन को मैं आरज़ू समझता था,
मेरे कुछ ख़्वाब थे वह गर्द आलूद।

---

(1942 ई.)

---

नोट : इस ग़ज़ल के शेरों के क़ाफ़िओं में 'ओ' के स्थान पर अंत में 'व' वर्ण का प्रयोग किया गया है। यह हिंदी लिप्यंतरण की विवशता है।

## 85

रस्मो-राहे-दहर क्या जोशे-मुहब्बत भी तो हो
टूट जाती है हर इक ज़ंजीर वहशत भी तो हो
ज़िन्दगी क्या मौत क्या दो करवटें हैं इश्क़ की
सोनेवाले चौंक उठेंगे क़यामत भी तो हो।
'हरचे बादा बाद' के नारों से दुनिया काँप उठी
इश्क़ के इतना कोई बरगश्ता[1] किस्मत भी तो हो।
कारज़ारे-दहर में हर कैफ़ हर मस्ती बजा
कुछ शरीके-बेखुदी रिन्दाना जुरअत[2] भी तो हो।
कम नहीं अहले हवस की भी ख़याल आराइयाँ
यह फ़ना की हद से भी बढ़ जाएँ हिम्मत भी तो हो।
कुछ इशाराते निहाँ हों तो निगाहे-नाज़ के
भाँप लेंगे हम, यह महफिल रश्के-खिलवत भी तो हो।
अब तो कुछ अहले रज़ा भी हो चले मायूस से,
हर जफ़ाए नारवा की कुछ निहायत भी तो हो।
हर नफ़्स से आए बूए-आतिशे-सय्याले[3]-इश्क़
आग वह दिल में, लहू में वह हरारत भी तो हो।
यह तेरे जलवे यह चश्मे-शौक़ की हैरानियाँ
बर्के-हुस्ने यार नज़ारे की फुरसत भी तो हो।
गर्दिशे-दौराँ[4] में एक दिन आ रहेगा होश भी
ख़त्म ऐ चश्मे-सियाह यह दौरे-ग़फ़लत भी तो हो।

---

1. प्रतिकूल 2. साहस 3. इश्क़ बहता हुआ 4. जमाने की गर्दिश

हर दिले-अफ़सुर्दा से चिन्गारियाँ उड़ जाएँगी,
कुछ तेरी मासूम आँखों में शरारत भी तो हो।
अब वह इतना भी नहीं बेगाना-ए-वज्हे-मलाल
पुरसिशे-ग़म[1] उस को आती है ज़रूरत भी तो हो।
एक सी हैं अब तो हुस्नो-इश्क़ की मजबूरियाँ
हम हों या तुम हो, वह अहदे-बाफ़राअत भी तो हो
देखकर रंगे-मिज़ाजे-यार क्या कहिए 'फ़िराक़' ?
उसमें कुछ गुंजाइशें-शुक्रो-शिकायत भी तो हो।

(1938 ई.)

1. ग़म की पूछताछ

## 86

कब ऐसी वहशतें थी रहती दुनिया के मकीनों[1] को
अरे क्या हो गया है आसमानों को जमीनों को ?
गिराँ बारे-अलम दिल और ठाठें मारता तूफ़ान
कहाँ ले जाएँ चढ़ती नदियाँ बोझल सफ़ीनों को।
छलक जाती है पिघली आग अँधेरी रात में साक़ी
वह लौ देना भी आता है दिलों के आबगीनों को।
बज़ाहिर जिन में अफ़सुर्दा चिरागों की उदासी है
वह सोज़े-बे असर भी जगमगा देते हैं सीनों को।
पहुँचता है बुतों का सिलसिला तो दूर तक वाइज़
कहाँ तक झाड़ती जाएगी दुनिया आस्तीनों को।
कभी खुद्दारी-ए-इन्साँ वह दुनिया भी बना लेगी
जहाँ सिजदों से शर्मिन्दा नहीं करते जबीनों को।
भँवर माज़ी की ले डूबती थी जिन को क़ारे-दरिया[2] में
उभार ए गर्दिशे-अफ़लाक आज उन तह नशीनों को।
नई दुनिया में कुछ अहदे-कुहन के भी निशां होंगे,
अजायब ख़ानों में रक्खेंगे ईमानों को दीनों को।
जहाँ बू-ए ज़याँ आई मुहब्बत छोड़कर भागे,
दिखाई क्या दे आगे नाक के कोताह बीनों[3] को।
मिज़ाजे-ला उबाली से है गुंचों पर फबन क्या-क्या,
मुबारक कज कुलाही[4] बाग़ में इन खुश क़रीनों को।

1. रहनेवाले 2. दरिया की गहराई 3. कम नज़र 4. तिरछी टोपी लगाना

चढ़ा लेता है आँखों पर फ़लक[1] इस्साक को ऐ दिल
बिठा लेता है आँखों में ज़माना नाज़नीनों[2] को।

बग़ल का बोझ होकर रह गए हैं एक मुद्दत से,
जो चंचल हाथ रख देते थे मल दल कर हसीनों को।

मताअ-ए-ज़ीस्त है उस महजबीं[3] से हम बगल होना,
यही तो है वह ठंडक गर्म जो रखती है सीनों को।

मुरस्सा साज़[4] की आँखें भी जिनको लौ से ख़ेरा हों,
'फ़िराक़' अल्फ़ाज़ की सूरत में जड़ दे इन नगीनों को।

फ़िराक़े-खुशनवा[5] ने आज इस धुन में ग़ज़ल छेड़ी,
कोई आवाज़ जैसे चीरती जाती हो सीनों को।

---

कैफ़ बरदोश बादलों को न देख
बेख़बर तू कुचल न जाए कहीं।

---

(1943 ई.)

---

1. आकाश 2. नाजुक, महबूबा 3. चन्द्रमुखी, महबूब 4. आभूषणों में नगीना जड़नेवाला 5. अच्छी आवाज़, मधुर स्वर

## 87

तक़दीर मंज़िलों की जगाते, चले चलो,
ऐ रहरवाने-राहे-मुहब्बत बढ़े चलो।
गर मतला[1]-ए-जहाँ पर चमकने का शोक है
ता सुबह मिस्ले-शामे-ग़रीबाँ मिटे चलो।
गो रहबरी सकूते-अबद की है इश्क़ में,
गर सुन सको तो बाँगे-जरस[2] भी सुने चलो।
मंज़िले अदम की, राह कठिन, रात का सफ़र
तासुबहे दम फ़साना-ए-हस्ती कहे चलो।
लो आ गई यह मंज़िले-जानाँ की सरज़मीं
खोए हुए दिलों के लगाते पते चलो।
ए रहरवाने-इश्क़ है जामे-फ़ना में भी
वह नश्शा-हयात के बस झूमते चलो।
जाती है हो के ज़ेरे-फ़लक़ राहे-इश्क़ भी
जो बार हो उठाओ, पड़े जो सहे चलो।
बढ़ जाओ अहले दर्द हदे-बेखुदी से भी
आए तो यह भी मंज़िले-गम़ काटते चलो।
राजे-शिनावरीं[3] है यही बहरे-इश्क़ में
साहिल[4] की याद दिल से भुलाकर बहे चलो।
कह दो यह आस्तीनों से गुलज़ारे-दहर[5] में
वह आ गई बहार लहू अब तो देख लो।

---

1. सूर्योदय का स्थान 2. घंटे की आवाज 3. तैरना 4. किनारा 5. ज़माना

पाते हैं होश को भी बजा मिट के इश्क़ में
किस्मत से ख़िज़्र भी सरे मंज़िल मिले चलो।

इस बज़्मे-बेखुदी में यह राज़े-हयात है
हर गर्दिशे-नज़र के सहारे मिटे चलो।

जब चल पड़े 'फिराक़' तो मंज़िल की फ़िक्र क्या
जो कुछ दिखाए दौरे-फ़लक देखते चलो।

(1937 ई.)

## 88

शामे-ग़म कुछ उस निगाहे-नाज़ की बातें करो,
बेखुदी बढ़ती चली है राज़ की बातें करो।
यह सुकूते-नाज़ यह दिल की रगों का टूटना
ख़ामुशी में कुछ शिकस्ते-साज़ की बातें करो।
निकहते[1]-ज़ुल्फ़े-परीशाँ दास्ताने-शामे-ग़म
सुबह होने तक इसी अन्दाज़ की बातें करो।
हर रगे-दिल, वज्द में आती रहे दुखती रहे,
यूँही उसके जा व बेजा नाज़ की बातें करो।
जो अदम की जान है जो है पयाम-ए-ज़िन्दगी,
उस सुकूते-राज़, उस आवाज़ की बातें करो।
इश्क़े-रुस्वा[2] हो चला बे क़ैफ़ सा बेज़ार सा
आज उसकी नर्गिसे-ग़म्माज़ की बातें करो।
नाम भी लेना है जिस का इक जहाने-रंगो-बू
दोस्तो उस नो बहारे-नाज़ की बातें करो।
किस लिए उज़्रे-तग़ाफ़ुल किस लिए इल्ज़ामे-इश्क़
आज चर्खे-तफ़र्रेक़ा परदाज़ की बातें करो।
कुछ क़फ़स की तीलियों से छन रहा है नूर सा
कुछ फ़ज़ा कुछ हसरते-परवाज़ की बातें करो।
जो हयाते-जावदाँ है जो है मर्ग-ए-नागहाँ
आज कुछ उस नाज़ उस अन्दाज़ की बातें करो।

---

1. ख़ुशबू 2. बदनाम

इश्क़ बे परवा भी अब कुछ नशकेबा[1] हो चला
शोख़ी-ए-हुस्ने-करिश्मा-साज़ की बातें करो।

जिस की फ़ुर्क़त ने पलट दी इश्क़ की काया 'फिराक़'
आज उसी इंसा नफ़से-दमसाज़ की बातें करो

(1938 ई.)

1. बेसब्र

# 89

नैरंगिए-रोज़गार[1] में क़ैफ़े[2]-दवाम[3] देख,
साक़ी की मस्त आँख से गर्दिश में जाम देख।
कुदरत की सैर कर तेरे जोशे-जुनू की ख़ैर,
यह गुलिस्ताने-सुबह यह सहराये-शाम देख।
क्या देखता है ग़फ़लतो-होश इस निगाह के
ग़ाफ़िल-हयातो-ग़म के फ़ना-ओ-दवाम देख।
कल तक खुला न था मेरे दिल का मामला
आज इक जहाने-राज़ को बे नंगो-नाम देख।
बे जुंबिशे-नज़र के है यह पुरसिशे-निहाँ,
यह ख़ास अदाए-लुत्फ़ यह अन्दाज़े-आम देख।
चश्मे-सियाहकार मिटाती है मिट भी जा,
हश्रे-हयात देख लबों का पयाम देख।
बेकस नहीं है इश्क़ बहुत ऐ निगाहे-नाज़
क्या तुझ को मेरे दर्द से ? तू अपना काम देख।
ज़ुल्मत सराय-दहर में कुछ रोशनी सी है,
इक रात रहरवान-ए-अदम का क़याम देख।
यह इन्क़लाब है कि वे हर जुंबिशे-निगाह
माज़ी व हाल सब के उलटे निज़ाम देख।
मेहरुमियाँ[4] न देख दिले-तिश्ना[5] काम की,
बज़्मे-निशात जलवा-पे छलके जाम देख।

---

1. भाग्य चक्र 2. नशा 3. नित्य 4. वंचित 5. प्यास

यूँ ही नहीं हैं नर्गिसे-राअना की गर्दिशें,
हर दौर, हर स्कूने-नज़र हर मुकाम देख।
बस एक निगाह हासिले-बज़्मे-निशात है,
रूए-निगार देख, मय लाला फ़ाम देख
दुनिया को देख ले कि वह दुनिया नहीं रही
बर्के-निगाह का असर-ए-नातमाय[1] देख
रा'अनाई-ए-ख़्याल को समझा जमाले-यार
यह ज़ामे-इश्क़ देख, यह सोदाये-फ़ाम देख।
इस जुल्फे-ख़म-बे-ख़म में है शाम अबद की सैर,
सुबह अलस्त[2] देख, नज़र का प्याम देख।
उठती है चश्मे-साक़ी मयख़ाना[3] बज़्म पर,
यह वक़्त वह नहीं कि हलालो-हराम देख।
हैं मौजे-नूर गंगो-जमन, जाम साक़िया
यह रात यह मुकाम, यह माहे-तमाम देख।
ख़्वाबे-गिराने रंजो-ग़म रोज़गार से,
उठ और जलवा-हाये निशाते-दवाम देख।
हर साँस मौजे-बायदा-ए-सरजोश है 'फ़िराक़'
हस्ती को मावरा-ए-फ़ना व दवाम देख।

(1937 ई.)

1. अपूर्ण 2. कुरान की एक आयत की ओर संकेत है—खुदा ने आत्माओं से पूछा क्या मैं तुम्हारा खुदा नहीं हूँ ? सबने कहा 'हाँ' 3. शराब घर

# 90

दयारे[1]-ग़ैर में सोज़े-वतन की आँच न पूछ,
ख़िज़ाँ में सुबहे-बहारे-चमन की आँच न पूछ।
फ़िज़ा है दहकी हुई रक़्स[2] में हैं शोला-ए-गुल
जहाँ वह शोख़ है उस अंजुमन की आँच न पूछ
क़बा में जिस्म है या शोला ज़ेरे-पर्दा-ए-साज़
बदन से लिपटे हुए पैरहन[3] की आँच न पूछ।
तमाम बादे-बहादुरी, तमाम ख़न्दा[4]-ए-गुल
शमीमे-जुल्फ की ठण्डक बदन की आँच न पूछ।
किरन सी तैर गई जिस तरफ वह आँख उठी,
निगाहे-शोख़े-ग़िज़ाँ ख़तन की आँच न पूछ।
फ़िज़ा में बर्क सी रह-रह के कौन्द जाती है
सुकूत में भी किसी के दहन की आँच न पूछ।
शुआ-ए-महरे-क़यामत है यह सुनहरी लकीर
जंबीने-नाज़ पै ख़त्ते-शिकन की आँच न पूछ।
हिजाब में भी उसे देखना क़यामत है,
नक़ाब में भी रुखे-शौला-ज़न की आँच न पूछ।
प्याम ज़ेरे-लबी फूँक दे न पर्दा-ए-दिल,
किसी की नर्मी-ए-तर्ज़े-सुख़न की आँच न पूछ।
लपक रहे हैं वह शोले कि होंट जलते हैं,
न पूछ मोजे-शराबे-कुहन की आँच न पूछ।

---

1. देश 2. नृत्य 3. वस्त्र 4. हँसी, मुस्कराहट

यह सोज़ो-साज़ न जन्नत में है न दोज़ख में,
दिलों में क्या है निशातो-मेहन की आँच न पूछ।

अजब लगन किसी खोई हुई बहार की है
दिलों से जलवा-ए-बाग़े-अदन की आँच न पूछ।

दिये ही जाती है तरग़ीब जुर्म आदम को,
ग़ज़ब है सोज़े-दिल अहूरमन की आँच न पूछ।

नहीं है सहल हम-आहंगी[1] बनी आदम,
दिलों में कश्मकशे-माह-व-मन ही आँच न पूछ।

नज़र फरेब है क्या रस्मी सबाहते[2]-हुस्न
ख़नक-ख़नक सी बहारे-चमन की आँच न पूछ।

है बज़्मे-कज कलहाँ सैरे-सरसरी कर ले,
न देख बर्क़े-नज़र, बाँकपन की आँच न पूछ।

'फिराक' आईना दर आईना है हुस्ने-निगार,
सबाहते-चमन अन्दर चमन की आँच न पूछ।

---

**(1943 ई.)**

---

1. समान स्वर, हम आवाज़ 2. गोरापन

## 91

हुस्न के जल्वे कर अयाँ इश्क़ की ज़ुल्मतें न देख,
तू है ख़ुशी की दास्ताँ, ग़म की इबारतें न देख।
फिर भी तो हुस्न हुस्न है; फिर भी तो इश्क़ इश्क़ है,
अपनी इनायतों को सोच मेरी शिकायतें न देख।
ग़मकदा[1]-ए-मजाज़ में आलमे-सोज़ो-साज़ में,
ग़फ़लते सद निशाते बन दर्द की कसरतें न देख।
पुरसिशे[2]-दिलनवाज़ में उश्वा[3]-ए-चश्मे नाज़ में,
देख हरीमे राज़ में इश्क़ की ग़ैरतें न देख।
बर्के नज़र गिराए जा, फ़िक्रे-सुकूने इश्क़ क्या,
जलवा-ए-सुबहे हश्र बिन मेरी कयामतें न देख।
गर्दो-गुबारे-दहर को जलवों से जगमगाए जा
सीना-ए-कायनात की मुझ से कदूरतें[4] न देख।
आज ख़ताए-इश्क़ पर आह यह तेरी बेदिली !
अपनी रियायतें न देख, अपनी मुरव्वतें न देख।
पाँव की थरथरी को देख, देख यह नाला-ए-जरस,
राज गुज़ारे-इश्क़ में छूटती हिम्मतें न देख।
सुबहे विसालो[5]-शामे-हिज्र अस्ल में एक हैं 'फिराक़'
हुस्न के जलवे भूल जा, इश्क़ की ज़ुल्मतें न देख।

(1936 ई.)

1. दुःख का घर 2. हाल चाल पूछना 3. नाज़ो-अदा 4. नफ़रत 5. मिलन

## 92

हुस्न की जगमगाहटें इश्क़ की ज़ुल्मतें न देख,
उनकी हक़ीकतें हैं और उनकी हक़ीक़तें न देख।

तमकनत-ओ-सुकूने-हुस्न सर बसर इज़्तराब हैं,
आईना-ए-जमाल में इश्क़ की सूरतें न देख।

सुनते हैं आँख पड़ते ही काँप उठी बज़्मे-कुदसियाँ[1]
दहर[2] की पस्तियाँ[3] न देख दहर की रफ़अतें[4] न देख।

गफ़लते-दायमी से जाग, इश्रते-बेखुदी से भाग,
तुझसे है आसमाँ को लाग, धोके की राहतें न देख।

ज़ोक़े-नज़र भी तरक कर जज़्बे-निहाँ से भी गुज़र,
ग़म के इशारों पर न जा हुस्न की शिद्दतें न देख।

बर्क़े निगाह से भी तेज़ शिद्दते-इज़्तराब है,
इश्क़ की खुद नुमाइयाँ हुस्न की हैरतें न देख।

राहे-तलब[5] में इश्क़ की यूँही क़दम बढ़ाए जा,
बहरे-हुसूले मुद्दआ अपनी ज़रूरतें न देख।

बढ़ने दे मेरी ग़फ़लतें होने दे इसको बेहिजाब,
ए ग़मे-हिज्र-ए-इश्क़ की हुस्न से निस्बतें[6] न देख।

ग़मकदा-ए-'फ़िराक़' में क्या हुईं तेरी ग़फ़लतें,
फेर निगाहें-आशना[7] मेरी मुसीबतें न देख।

(1936 ई.)

1. फरिश्ते 2. ज़माना 3. नीचाइयाँ 4. ऊँचाइयाँ 5. चाह 6. सम्बन्ध 7. पहचान

## 93

रुकी-रुकी सी शबे मर्ग ख़त्म पर आई,
वह पौ फटी वह नई ज़िन्दगी नज़र आई।
यह मोड़ वह है कि परछाइयाँ भी देंगी न साथ,
मुसाफिरों से कहो उसकी रहगुज़र आई।
फ़िज़ा तबस्सुमे-सुबहे-बहार थी लेकिन,
पहुँच के मंज़िले जानाँ[1] पर आँख भर आई।
कहीं ज़मानो-मकाँ में है नाम को भी सुकूँ[2],
मगर यह बात मुहब्बत की बात पर आई।
किसी की बज़्मे-तरब[3] में हयात[4] बटती थी,
उम्मीदवारों में कल मौत भी नज़र आई।
कहाँ हर एक से इन्सानियत का बार उठा
कि यह बला भी तेरे आशिक़ों के सर आई
दिलों में आज तेरी याद मुद्दतों के बाद,
यह चेहरा-ए-तबस्सुम ब चश्मे-तर आई।
नया नहीं है मुझे मर्गे-नागहाँ का पयाम[5],
हज़ार रंग से अपनी मुझे ख़बर आई।
फ़िज़ा को जैसे कोई राग चीरता जाए,
तेरी निगाह दिलों में यूँ ही उतर आई।
ज़रा विसाल[6] के बाद आईना तो देख ए दोस्त,
तेरे जमाल[7] की दोशीज़गी[8] निखर आई।

---

1. महबूब 2. ठहराव, आराम 3. खुशी 4. ज़िन्दगी 5. सन्देश 6. मिलन 7. सौन्दर्य, 8. कुँवारापन

तेरा ही अक्स सरश्क-ए-ग़म ज़माने में था,
निगाह में तेरी तस्वीर सी उतर आई।
अजब नहीं कि चमन दर चमन बने हर फूल,
कली कली की सबा[1] जाके गोद भर आई।
शबे-'फ़िराक' उठे दिल में और भी कुछ दर्द,
कहूँ यह कैसे तेरी याद रात भर आई।

(1941 ई.)

1. हवा

## 94

दिल कुश्ता[1]-ए-फरेबे-तमन्ना है आज भी,
उसकी निगाह इक नई दुनिया है आज भी।
देखा था जिस ने तुझको ज़माँ-व-मकाँ से दूर,
वह आँख बेक़रारे-तमाशा है आज भी।
फिर सुर्ख़ी निशाते[2]-जहाँ शोख़ हो चली,
ग़म नेशतर[3] ज़ने-रगे-दुनिया है आज भी।
मस्ते अज़्ल है इश्क़ मगर उस निगाह से,
जैसे कोई पयाम सा आता है आज भी।
अफ़्सुर्दगी-इश्क़ को मुद्दत हुई मगर,
शोला सा कुछ दिलों से लपकता है आज भी।
एक रंग पर दोरंगी आलम अजल[4] से है,
इक जाम सुबहो-शाम छलकता है आज भी।
अब भी उछल रहा है लहू सा फ़िज़ा में कुछ,
दारो-रसन[5] पै इश्क़ का क़ब्ज़ा है आज भी।
इक लरज़िशे ख़फ़ी सरे-महशर है इश्क़ में,
काविश में नशतरे-ग़मे-फ़र्दा है आज भी।
हमदम में खुद निगाह उठाता नहीं मगर,
उस नौ बहारे-नाज़ को देखा है आज भी।
अब वह मताए-दर्द हो या कैफ़[6] या निशात[7],
इस बज़्म में ख़ज़ाना सा लुटता है आज भी।

1. भस्म 2. खुशी 3. चीरा लगाने का यन्त्र 4. आदिकाल प्रारम्भ 5. फासी और फन्दा 6. नशा 7. खुशी

जोशे-जुनूँ से क़ताए-नज़र[1] करके इश्क़ का,
सुनते हैं क़सद जानिबे-सहरा है आज भी।
रंगीनियों में ग़फ़लते-दिल की कमी नहीं,
हस्ती तमाम ख़्वाबे-जुलेखा है आज भी।
ख़्वाबे-अदम सुकूने-अबद मिल चुका मगर,
शोरिश हयाते-इश्क़ से पैदा है आज भी।
यूँ तो जहाँ शनास[2] वह सुबहे-अज़ल से है,
खोई हुई सी नर्गिसे-रा'अना है आज भी।
गो हो चुका है ख़ात्मा-गुफ़्तो-शनीद[3] का,
दिल बेकरारे-शिकवा-ए-बेजा है आज भी।
फिर शोरे-इन्क़लाब उठा चार सिम्त[4] से,
अच्छा उसी निगाह का किस्सा है आज भी।
बदले निगार ख़ाना-ए-हस्ती ने लाख रंग,
अन्दाज़े-हुस्ने-यार निराला है आज भी।
गो बेहिसी-ए-दिल को ज़माना गुज़र गया,
रह-रह के ख़ारे-इश्क़ खटकता है आज भी।
कहने का कुछ किसी से ज़माना नहीं मगर,
एक हर्फ़ सा जुबान तक आता है आज भी।
यूँ तो फ़ना बक़ा के मनाज़िल गुज़र चुके,
दिल ज़िक्रे-आशिक़ी से झिझकता है आज भी।
ऐ चारागर[5] समझ न सका मैं तेरा सवाल,
ज़ख़्मे कुहन वही न जो दुखता है आज भी।
नौमीदियों की मुद्दते-दैरीना[6] पर न जा,
ए चश्मे-यार तेरा भरोसा है आज भी।
हर दौर एक मंज़िले-मेराजे[7]-इश्क़ है,
दर्द इस निगाहे-नाज़ से उठता है आज भी।
इस पुरसिशे-करम पै तो आँसू निकल पड़े,
क्या तू वही खुलूसे-सरापा है आज भी।

---

1. नज़र हटाना 2. ज़माने को पहचाननेवाला 3. बातचीत 4. दिशा 5. ढारस बँधानेवाला 6. पुरानी 7. सीढ़ी

सच झूठ की ख़बर तो किसे लेकिन ऐ 'फ़िराक़',
कोई बयाने-दर्द सुनाता है आज भी।

---

सँवारता हूँ ऐ आँसुओं के मोती से
उन्हीं से शाहिदे-हस्ती की माँग भरती है।

---

(1938 ई.)

## 95

क्या जाम है 'फ़िराक़' मुहब्बत का जाम भी,
आबे-हयात[1] भी है, अज़ल का पयाम भी।
है दौरे-बज़्म[2] दौरे-फ़ना व दवाम भी,
गर्दिश में है वह आँख भी गर्दिश में जाम भी।
क्या जानिए करिश्मे यह किस के जुनूँ के हैं,
यह गुलिस्तान-ए-सुबह यह सहराए-शाम भी।
चश्मे-सियाहकार तेरी पर्दादारियाँ,
इक दिन करेंगी इश्क़ को बे नंगो-नाम भी।
जुल्फ़े सियाह में फँस के दिलों का न पूछ हाल,
परवाज़ ताबा अर्शे-बरी[3] ज़ेरे-दाम भी।
बूए-कफ़न समोई हुई है फ़िज़ा में आज,
राज़ आशनाए[4]-सुबह है फुरक़त की शाम भी।
जानो-दिलो-जिगर के निशाँ तक नहीं रहे,
उस नावक-नज़र के अटकते हैं काम भी।
कुल कायनात सोज़े-निहाँ से है मुज़्तरिब
ज़र्राते-बेकरार भी शमसी[5] निज़ाम भी।
गुल बेवफ़ा शमीमो[6]-सबा[7] दोनों बेक़रार
बाग़े-जहाँ में है कहीं रंगे-क़याम भी।
यह नर्गिसे-सियाह यह बर्क़े-निगाहे-नाज़
यह तेग़ ख़ुश ग़िलाफ़ भी है बे नियाम भी।

---

1. अमृत 2. महफ़िल 3. ऊँची छत 4. जान पहचान 5. सौरमंडल 6. खुशबूदार हवा
7. प्रातःकाल की वायु

वह आए या न आए मगर आरज़ू तो है,
लाएगा रंग देख यह सौदाए-ख़ाम भी।
है दरमियाँ हिजाब भी और सामना भी है,
मैं नामुराद इश्क़ भी, मैं शाद काम भी।
आ साक़िया कि देर से हैं रिन्द मुन्तज़िर,
छलकी शराबे-नाब[1] भी टकराए जाम भी।
उड़ती हुई लपट यह उन्हीं गैसुओं की है,
गुज़रा है इस तरफ़ से वह मस्ते ख़राम भी।
ए दिल वह बज़्मे-नाज़ कहाँ और तू कहाँ,
जा उस जगह ज़रूर मगर कोई काम भी।
वह शौक वह तपाक वह बेताबियाँ कहाँ ?
यूँ ही है अब तो उस से पयामो-सलाम भी।
खा जाए बर्क़-तूर[2] जहाँ ठोकरें 'फ़िराक़'
राहे-वफ़ा में आते हैं ऐसे मुक़ाम भी।

(1936 ई.)

1. शुद्ध, बिना मिलावट 2. तूर पर्वत की बिजली जिससे हज़रत मूसा अचेत हो गए थे।

## 96

सय्यारों की तकदीर यहीं जाग रही है,
सोते हैं नूह[1] अफलाक़ ज़मीं जाग रही है।
तारे भी हैं बेदार ज़मीं जाग रही है,
पिछले को भी वह आँख कहीं जाग रही है।
करवट से शबे-माह में बहती है यह गंगा,
या हुस्न की बल खाई ज़मीं जाग रही है।
है ख़्वाब में इशाक़ मगर याद किसी की,
या दिल ही में या दिल के क़रीं जाग रही है।
इक आलमे-नैरंग[2] है दुनिया-ए-मुहब्बत,
सोती है कहीं और कहीं जाग रही है।
यह रात अँधेरी है मगर ऐ ग़मे-फ़र्दा,
सीनों में अभी शमाअ-ए-यकीं जाग रही है।
सोती है जहाँ इश्क़ की तकदीर अज़ल से,
वह नर्गिसे-बीमार वहीं जाग रही है।
इक़रार की ठण्डक में है इन्कार की गर्मी,
साए में तेरी 'हाँ' के 'नहीं' जाग रही है।
आहों से कहो सीना-ए-शब चीरती जाएँ,
तासीर सरे-अर्शे-बरीं जाग रही है।
शबे-खूँ न माहे-नौ से हो उशाक में ए चर्ख़,
यह रात लिए ख़न्जरे-कीं[3] जाग रही है।

---

1. हज़रत नूह 2. चमत्कारपूर्ण 3. रंजिश की तलवार

छेड़ें तो तेरी सादगी इश्क़ को सौ बार,
लेकिन निगहे-शोख़ तरीं जाग रही है।

यह निखरी हुई रात 'फ़िराक़' आँख तो खोलो,
सोता हुआ संसार ज़मीं जाग रही है।

(1943 ई.)

## 97

ग़ुस्से की एक रौ आई हुई सी
साफ़ जबीं बल खाई हुई सी।
चन्द्र किरन अलसाई हुई सी
जैसे तुझे नींद आई हुई सी।
रसमसे होंठों पर वह कुछ-कुछ
मौजे-तबस्सुम आई हुई सी।
बोझल-बोझल हुस्न के शाने
पतली कमर बल खाई हुई सी।
उफ वह रसीली नज़र की लगावट
जैसे कोई याद आई हुई सी।
छिड़ा हुआ सा साज़े-मुहब्बत
दिल की रगें थर्राई हुई सी।
उसको जब देखो है यह आलम
इक अंगड़ाई आई हुई सी।
भारी-भारी तारों की पलकें
नींद तुझे भी आई हुई सी।
तुझ से मिल के क्यों है दिल पर,
एक उदासी छाई हुई सी,
गाम-गाम पर जैसे क़यामत
ठहरी हुई सी आई हुई सी।
दुनिया के आगे बढ़ने में
जन्नत भी ठुकराई हुई सी।

उमड़े दिलों के क़ाफ़िले निकले
जैसे नदी लहराई हुई सी।
दर्द की मंजिल से गुज़री है
बादे-फ़ना[1] कतराई हुई सी।
आह वह बातें आह वह सूरत
भूली हुई याद आई हुई सी।
तेरी मुहब्बत इक दुनिया है
खोई हुई सी पाई हुई सी।
इश्क़ की गुत्थी जानें कब की
सुलझाई उलझाई हुई सी।
गुम्बदे-मीना थर्राया सा
और ज़मीं चकराई हुई सी।
एक निगाह क़समखा़ने को
और वह भी घबराई हुई सी।
शोला-शोला शबनम-शबनम
याद गुलों की आई हुई सी।
रग-रग में इक आँच सी जैसे
दिल की आग उकसाई हुई सी।
नींद सी आई हुई तुझे जैसे
मौसीकी[2] अलसाई हुई सी।
दिल तो 'फ़िराक़' सख़ी[3] है तेरा,
आँख मगर ललचाई हुई सी।

(1940 ई.)

1. विनाश की वायु 2. संगीत, राग 3. उदार

## 98

किसी का यूँ तो हुआ कौन उम्र भर फिर भी,
यह हुस्नो-इश्क़ तो धोका है सब, मगर फिर भी।
हज़ार बार ज़माना इधर से गुज़रा है
नई-नई सी है कुछ तेरी रहगुज़र फिर भी।
कहूँ यह कैसे इधर देख या न देख इधर,
कि दर्द दर्द है, फिर भी नज़र नज़र फिर भी।
ख़ुशा[1] इशारा-ए-पैहम[2] ज़हे सकूते-नज़र,
दराज़ हो के फसाना है मुख़्तसर फिर भी।
झपक रही हैं ज़मानो-मकान की भी आँखें,
मगर है क़ाफ़िला आमादा-ए-सफ़र फिर भी।
शबे-फ़िराक़[3] से आग है आज मेरी नज़र,
कि कट ही जाएगी यह शामे-बे सहर फिर भी।
कहीं यही तो नहीं क़ाशिफ़े[4]-हयातो[5]-मुमात[6],
यह हुस्नो-इश्क़ बज़ाहिर हैं बे ख़बर, फिर भी।
पलट रहे हैं ग़रीबुल वतन[7] पलटना था,
वह कूचा रुक्शे जन्नत हो, घर है, घर फिर भी।
लुटा हुआ चमने-इश्क़ है निगाहों को,
दिखा गया वही किया किया गुलो-समर[8] फिर भी।
ख़राब होके भी सोचा किए तेरे महजूर
यहीं कि तेरी नज़र है तेरी नज़र फिर भी।

---

1. वाह-वाह, क्या खूब 2. लगातार 3. जुदाई की रात 4. प्रकट करनेवाला 5. जीवन 6. मृत्यु 7. परदेसी 8. फल

हो बे नियाज़े-असर भी कभी तेरी मिट्टी,
वह कीमया[1] ही सही रह गई कसर फिर भी।

लिपट गया तेरा दीवाना गरचे मंज़िल से,
उड़ी-उड़ी सी है यह ख़ाके-रहगुज़र फिर भी।

तेरी निगाह से बचने में उम्र गुज़री है,
उतर गया रगे-जाँ में यह नेश्तर फिर भी।

ग़मे-फ़िराक़ के कुश्तों का हश्र क्या होगा,
यह शामे-हिज़्र तो हो जाएगी सहर फिर भी।

फ़ना भी हो के गर अन्बारी हयात न पूछ,
उठाए उठ नहीं सकता यह दर्दे-सर फिर भी।

सितम के रंग हैं हर इल्तफ़ाते[2]-पिन्हाँ[3] में,
करम नुमा हैं तेरे जारे[4]-सर बसर फिर भी।

ख़ता मुआफ़ तेरा अफ़्व[5] भी है मिसले-सज़ा,
तेरी सज़ा में है इक शाने-दरगुज़र फिर भी।

अगरचे बेख़ुदी इश्क़ को ज़माना हुआ,
'फ़िराक़' करती रही काम वह नज़र फिर भी।

(1940 ई.)

1. रसायन 2. कृपा 3. छिपी हुई 4. ज़ुल्म 5. क्षमा

## 99

जब से तुम परदेस सिधारे
आँसू हैं आँखों के तारे।
कौन अब नय्या पार लगाए,
खेवन हारे सब मतवारे।
मौतो-ज़िन्दगी दोनों धोखे,
जी भी मर भी, अपने सहारे।
चीरते-फाड़ते तूफ़ानों को,
आ ही लगे पैर एक किनारे।
आते हैं क्या तान उड़ाते,
प्रेम के घायल रूप के मारे।
रात की देवी छम छम उतरी
तट छिटकाए बाल सँवारे।
गाह-गाह खा़कस्तरे-दिल से,
अब भी उड़ जाते हैं शरारे।
दरिया-दरिया प्यासे दिल को,
कौन डुबोए कौन उभारे।
नज़्मे-जहाँ[1] में कौन कमी है,
चक्कर में हैं क्यूँ सय्यारे[2]।
रंजो-खुशी के धोखे बरहक़
इश्क़ में कितने दिन ही गुज़ारे।
हुस्न को रश्को[3]-रक़ाबत[4] से क्या,

1. विश्व व्यवस्था 2. तारे, ग्रह 3. ईर्ष्या 4. प्रतिद्वंद्विता

वह न हमारे वह न तुम्हारे।
दुनिया में उस ढब से रहिए
दुनिया के दुनिया से नियारे।
प्रेम का पासा ऐसा पलटा,
सब कुछ जीत के सब कुछ हारे।
हुस्ने-फ़सुर्दा[1] के आलम को,
कौन सँवारे कौन निखारे।
चौंक पड़े जो सन्नाटे में,
ऐसे दिल को कौन पुकारे।

---

आज 'फिराक़' थे आगे उसके
कुछ चुप साधे कुछ मन मारे।

(1940 ई.)

1. निचोड़ा हुआ, रस निकला हुआ

## 100

दुनिया दुनिया आलम आलम थे इक रोज़ यही वीराने,
वादी वादी जंगल जंगल छान गए तेरे दीवाने।
दुविधा पैदा कर दे दिलों में ईमानों को दे टकराने,
बात वह कह ऐ इश्क़ कि सुनकर सब क़ायल हों कोई न माने,
काँटा काँटे से निकलेगा ऐसे में फूल का काम नहीं,
चुभनेवाली बात तो कहिए चाहे कोई बुरा ही माने।
उसी दर्द से दुनिया ग़ाफ़िल उसी दर्द का घर घर चर्चा,
एक शबे-ग़म की सौ रातें, एक मुहब्बत सौ अफ़साने।
औरों से भी हँसकर रहकर झूठा सच्चा प्यार किया था,
वह भी थे तेरे इश्क़ के हीले वह भी थे तेरे ग़म के बहाने।
हुस्न को हुस्न समझ लेना भी ऐ एहले-दिले-कारे-दारद,
तुम भी चले हो किस के आगे हँसने-हँसाने, रोने-रुलाने।
ऊपर से खुश होले नादाँ कामो-दहन की है ख़ैर इसी में,
प्रेम के सुख लोहे के चने हैं, मौत हो गर पड़ जाएँ चबाने।
तू ने हवा की नर्म रवी को अपनी गौं पै लगाना चाहा
सैद[1] गहे-हस्ती में नादाँ यूँ ही ख़ता होते हैं निशाने।
ग़फ़लत हो तो कोई चौंकाए जागे हुओं को कौन जगाए,
हाए वह कारे-जहाँ खुद जिस से निकलें बे अमली के बहाने।
इश्क़ की बातें इश्क़ के चर्चे घर-घर में हैं, इश्क़ पै लेकिन,
आँखें पड़ें अगर दुनिया की, दुनिया मुश्किल से पहचाने।
हुस्न के पास उस का नहीं चारा, इश्क़ का इसमें क्या है उजारा,

1. शिकार किया जानेवाला जानवर

यूँ भी फिर जाती हैं निगाहें, यूँ भी बदल जाते हैं ज़माने।
अपनी-अपनी सब को पड़ी है काश समझ में यह इश्क़ के आए,
दोस्त से भी उम्मीद न रखे इक दुनिया से बैर जो ठाने।
दुनिया से क्या पूछ रहा है सौ अन्जान न एक सुब्हान,
दुनिया को पूछ उसकी नज़र से दुनिया को दुनिया क्या जाने।
उसकी नजर पर हैराँ हैराँ मज़बूरी भी आज़ादी भी,
वही कहे जो सब के दिल में सब की सुने और अपनी माने।
दुनिया अपने रंगे-महफिल में ख़्वाब खुशी के देख रही थी,
जिस में खुशी ने आँखें खोलीं, थे वह मुहब्बत के ग़म ख़ाने।
हुस्नो-मुहब्बत आप अपनी तौहीन हैं गर मासूम न हो,
थोड़ी देर को भोले बन लें हम भी सियाने तुम भी सियाने।
इश्क़ हो बेबस यह तो है ज़ाहिर, दुनिया भर में ग़ैब से लेकिन,
कौन लगा है आग लगाने कहर उठाने आफ़त ढाने।
लोक लाज के हम भी हैं क़ायल बज़्मे-आम में तेरी नज़र को,
यूँ दुनिया है पयामे-मुहब्बत सब देखें और कोई न जाने।
सामने की चीज़ें भी 'फिराक़' इन्सान को चौंका देती हैं,
बज़्म में जागता ख़्वाब यह देखा हमीं चिराग़ हमीं परवाने।

## 101

अमनो-आमाँ की दुनिया में भी ऐसों को कब मिलते हैं ठिकाने,
कई बार तो इश्क़ गया है, मौत के मुँह में जान बचाने।
आँखें मिलकर भी नहीं मिलतीं अपने भी यहाँ बेगाने,
कोई तेरी बज़्मे-नाज़ में किस को पूछे किस को जाने।
ज़र्रा-ज़र्रा घुल जाएगा इस दुनिया का वक़्त की रौ में,
तूने सूना है लून की पुतली चली थी सिंध की थाह लगाने।
यह आईने-वफ़ा भी बरहक़ यह तसलीमो-रज़ा भी बजा,
लुत्फ़ो-सितम क्या हुस्न भी लेकिन पीर पराई कुछ तो जाने।
तर्के-मुहब्बत भी करता जा, दर्दे-मुहब्बत भी सहता जा,
एक ही मत रखते हैं नादाँ दुनिया भर के चतुर स्याने।
हुस्न की ओट में जाने कब से सोती हैं दुनिया की तकदीरें,
नर्गिसे-रा'अना देख के हम भी बैठे हैं किस जादू को जगाने।
शोला-ए-गुल पर चादरे-शबनम सर ता सर तस्वीरे-हयात,
रो लेना है हँसते हँसाते हँस लेना है ग़म के बहाने।
सब्रो-सुकूँ भी कैफ़े-निहाँ भी साज़े तरब[1] भी उसका करम भी,
फिर भी रंग उड़ा जाता है इश्क़ की बातें इश्क़ ही जाने।
याद किसी की करता भी जा, दिल से किसी को भुलाता भी जा,
पीता भी जा, भरता भी जा, होश और ग़फलत के पैमाने।
ज़र्रा-ज़र्रा तारा-तारा, क़तरा-क़तरा, दरिया-दरिया,
होशो-खिरद है हैराँ-हैराँ, क्या कोई जाने क्या कोई माने।
भूले-भटकों में क्यूँ अक्सर मंज़िल से आती हैं सदाएँ[2],

1. खुशी 2. आवाज़,

गड़ जाए पाताल में लेकिन गली-गली की ख़ाक न छाने।
एक तग़ाफुल[1] लाख़ तवज्जों एक तजाहुल[2] लाख पते,
एहले मुहब्बत तुझ से चले हैं, हाल छिपाने बात बनाने।
सोती दुनिया जाग उठी है ज़र्रा-ज़र्रा काँप उठा है,
बैठे बिठाए क्या सूझी जो इश्क़ लगा है क़यामत ढाने।
मज़बूरी आज़ादी निकली, रंज परस्ती शादी निकली,
दुनिया की तकदीरें पलटीं, इश्क़ की मेहनत लगी ठिकाने।
ग़फलत कैसी, क्या हुश्यारी, बेदारी क्या, ख़्वाब भी कैसा,
दोनों का है एक ही आलम क्या दीवाने क्या फरज़ाने।
पीए बग़ैर यह जोश है साक़ी पीने का कब होश है साक़ी,
दौरे-शराब कहाँ कि अभी तो टूटते जाते हैं पैमाने।
मिट-मिटकर यह उभरना गोया तेरे बाएँ हाथ का खेल,
तेरी बड़ी बात ऐ दुनिया तेरी महिमा कौन बखाने।
परसिखों के नर बहुतेरे, लेकिन बात के आ जाने पर,
ज़िद तो वही है जिसको ज़माना सौ समझाए एक न माने।
हुस्न भी था अपनी परछाईं शामे-ग़रीबाँ देख 'फ़िराक़',
इश्क़ वही है अब भी लेकिन, छूट गए अपने बेगाने।

(1940 ई.)

1. उपेक्षा, लापरवाह 2. जानबूझकर अनजान बनना

## 102

यह सुहानी उदास तन्हाई,
लेती है पिछली रात अंगड़ाई।
यह तने-नाज़नीं की अंगड़ाई,
कहकशाँ[1] ने कमान लचकाई।
लेती है कायनात[2] अंगड़ाई
वह कहानी नज़र ने दुहराई।
वह सितारों ने भी जमाही ली,
शबे-ग़म ने भी उँगली चटकाई।
खुद तेरा दर्द जैसे चौंक उठे,
आज किस वक़्त तेरी याद आई।
बज़्म थी लरज़िशे-ख़फी[3] की मौज,
उस अदा से वह आँख शर्माई।
जैसे ज़ौक़े-गुनाह वज्द में आए,
दोश[4] पर यूँ वह जुल्फ लहराई।
सुबहे-फुर्क़त न एहले-ग़म को जगा,
रोए हैं रातभर तो नींद आई।
तुझे नींद आ गई कि खोले बाल
लेती है आधी रात अंगड़ाई।
आलमे-ख़्वाबे-नाज़, माथे पर,
छाँव तारों की जब सरक आई।

1. इन्द्रधनुष 2. सृष्टि 3. सूक्ष्म कंपन 4. कन्धा

अरे इससे तो मौत ही आ जाए,
ज़िन्दगी, ज़िन्दगी से बाज़ आई।
ली है जब-जब ज़माने ने करवट
ज़िन्दगी, ज़िन्दगी से घबराई।
हमने देखा है उनको मौत ने भी,
जिन निगाहों से ज़िन्दगी पाई।
उलटी साँसें भी ले चुका है इश्क़
तेरे होंटों की वह मसीयाई।
साफ़ लौ दे उठी उदास फ़िज़ा
मुस्कराहट तेरी जो याद आई।
हो गई कायनात रंगा-रंग
वह गुलाबी नज़र ने छलकाई।
यूँ मिटाया ग़मो-अलम तूने
शादमानी[1] की आँख भर आई।
उबली पड़ती है ख़ारो-ख़स से हयात
किश्ते-हस्ती[2] की देख पैदाई ?
यह रसाई तो देख मौत से भी,
इश्क़ की दोस्ती निकल आई।
थाह देती नहीं तयाँ को भी
इश्क़ की ज़िन्दगी की गहराई।
यूँ तो दो हाथ की है काकुले[3]-नाज़
हद नहीं रखती उसकी गीराई।[4]
रमज़े[5]-मानूसियत[6] की है तस्वीर
मुझसे कम-कम तेरी शनासाई।[7]
दरमियाँ थे अभी बहुत पर्दे,
हो गई दूर-दूर रुसवाई।[8]
अब किसे कोई शाद काम करे
वह तमन्ना न वह तमन्नाई।
शामे-ग़म को तेरी झलक न मिली
तारों ने भी निगाह दौड़ाई।

---

1. खुशी 2. जीवन रूपी खेती 3. जुल्फ़ 4. पकड़ 5. रहस्य 6. परिचित 7. जान पहचान 8. बदनामी

आ गई याद किस गुले तर की,
शबनमिस्ताँ की आँख भर आई।
दीदनी[1] था तेरा ख़ुमारे[2]-बदन,
जब सितारों ने आँख झपकाई।
अब तो यादे-दिले-हज़ीं के लिए,
इक कहानी है तेरी राअनाई।
मैंने छेड़ी 'फ़िराक़' जब यह ग़ज़ल
इश्क़ के दिल की चोट उभर आई।

---

पड़े हैं ख़्वाबे-अदम में जहाँ के हंगामे
पुकारती है ज़माने को ख़ामुशी तेरी।

---

(1946 ई.)

1. देखने योग्य 2. नशा

## 103

मुझको मारा है हर इक दर्दे-दवा से पहले,
दी सज़ा इश्क़ ने हर जुर्मो-ख़ता से पहले।
आतिशे-इश्क़ भड़कती है हवा से पहले,
होंठ जलते हैं मुहब्बत में दुआ से पहले।
फ़ित्ने[1] बरपा हुए हर गुंचा[2]-ए-सर बस्ता[3] से,
खुल गया राज़े-चमन चाके-क़बा[4] से पहले।
चाल है बादा-ए-हस्ती का छलकता हुआ जाम
हम कहाँ थे तेरे नक्शे-कफ़े-पा से पहले।
अब कमी क्या है तेरे बे सरो-सामानों को
कुछ न था तेरी क़सम तर्को-फ़ना से पहले
इश्के बेबाक को दावे थे बहुत ख़लूवत[5] में,
खो दिया सारा भ्रम शर्मो-हया से पहले।
खुद-ब-खुद चाक हुए पैराहने[6]-लाला-ओ-गुल,
चल गई कौन हवा बादे-सबा से पहले।
हमसफ़र राहे-अदम में न हो तारों भरी रात,
हम पहुँच जाएँगे इस आबले[7] पा से पहले।
पर्दा-ए-शर्म में सद बर्क़े-तबस्सुम के निसार,
होश जाते रहे नैरंगे-हया से पहले।
मौत के नाम से डरते थे हम ऐ शौक़े-हयात
तूने तो मार ही डाला था क़ज़ा से पहले।

---

1. झगड़ा, फिसाद 2. कली 3. छिपा हुआ 4. एक विशेष प्रकार की लम्बी अचकन 5. एकान्त 6. वस्त्र 7. फफोला

बेतकल्लुफ़ भी तेरा हुस्ने-खुद आरा था कभी
इक अदा और भी थी हुस्ने-अदा से पहले।
गफ़लतें हस्ती-ए-फ़ानी की बता देंगी तुझे,
जो मेरा हाल था एहसासे-फ़ना से पहले।
हम उन्हीं पा के 'फ़िराक़' और भी कुछ खोए गए,
यह तकल्लुफ़[1] तो न थे एहदे-वफ़ा से पहले।

(1937 ई.)

1. औपचारिकता, बनावट

## 104

अब दौरे-आसमाँ है न दौरे-हयात है,
ऐ दर्दे-हिज़्र तू ही बता कितनी रात है।
जुल्मत से नूर से यह अलग कायनात है,
हैरत सराए-इश्क़ में दिन है न रात है।
कुछ बे सबात[1] ही है, न कुछ बासबात[2] है,
अब इश्क़ मावरा-ए-हयातो-मुमात[3] है।
जीना जो आ गया तो अजल भी हयात है,
और यूँ तो उम्रे-ख़िज्र भी क्या बेसबात है।
क्यूँ इन्तहाए-होश को कहते हैं बेखुदी,
खुर्शीद ही की आख़िरी मंज़िल तो रात है।
हस्ती को जिसने ज़ल्ज़ला सामाँ बना दिया
वह दिल क़रार पाए मुक़द्दर की बात है।
यह मूशिगाफियाँ[4] हैं गिराँ तबअे[5]-इश्क़ पर,
किसको दिमाग़े-काविशे[6]-ज़ातो-सिफात[7] है।
तोड़ा है लामकाँ[8] की हदों को भी इश्क़ ने,
ज़िन्दाने-अक़्ल तेरी तो क्या कायनात है।
गरदूँ[9] शरारे-बर्के-दिले-बेक़रार देख,
जिनसे यह तेरी तारों भरी रात रात है।
हस्ती को तेरे दर्द ने कुछ और कर दिया,
यह फ़र्के-मर्ग-ओ-ज़ीस्त[10] तो कहने की बात है।

---

1. अस्थिरता 2. स्थिरता 3. मृत्यु 4. नुक्ताचीनियाँ, आलोचनाएँ 5. स्वभाव 6. कोशिश 7. गुण 8. जिसका कोई मकान न हो 9. आसमान 10. ज़िन्दगी

गुम होके हर जगह हैं ज़खूद रफ्तगाने[1]-इश्क़,
उनकी भी एहले-कश्फो[2]-करामात ज़ात है।

हस्ती बजुज़[3] फनाए मुसलसल के कुछ नहीं,
फिर किस लिए यह फिक्रे-क़रारो-सबात है।

उस जाने-दोस्ती के खुलूसे-निहाँ न पूछ
जिसका सितम भी गै़रते-सद-इल्तफ़ात[4] है।

यूँ तो हज़ार दर्द से रोते हैं बदनसीब,
तुम दिल दुखाओ, वक़्ते-मुसीबत तो बात है।

उनवान[5] ग़फ़लतों के हैं फुर्क़त हो या विसाल,
बस फुरसते-हयात 'फ़िराक़' एक रात है।

---

तमाम ख़स्तगी[6] व मान्दगी है आलमे-हिज्र
थके-थके से यह तारे थकी-थकी सी यह रात।

---

(1936 ई.)

---

1. आपे से बाहर होना, खोया खोया होना 2. प्रकट करना 3. सिवाय 4. सौ-सौ मेहरबानी
5. विषय 6. कमज़ोरी

## 105

कुछ और सादा मुहब्बत की ज़िन्दगी होती,
तो और रंग से शरहे-ग़मो-ख़ुशी होती।
तुझे भुला के जिसे एहले-दिल बसर करने,
वह ज़िन्दगी भी मुहब्बत की ज़िन्दगी होती।
जहाँ के रंजो-ख़ुशी का भरम तो खुल जाता,
शराबे-इश्क़ सलीक़े से तूने पी होती।
सुना है एहले-मुहब्बत को इक शिकायत है,
यही कि हुस्न में इतनी न बेख़ुदी होती।
बिसारे-शेवा[1]-ए-तस्लीमो-बेनियाज़ी हुस्न,
मेरी ख़ुशी भी कहाँ तक तेरी ख़ुशी होती।
अज़ब यह गुंचा-ए-दिल में हवा समाई है,
शगुफ़्ता[2] होके भी कम-कम फ़सुर्दगी होती।
जहाँ भी जुस्तजू-ए-दोस्त में ठहर जाते,
यक़ीं जान कि मंज़िल क़रीब ही होती।
तुम्ही तो एहले-हवस इम्तहान से भाग चले,
यह क्या ज़रूर कि होती तो मौत ही होती।
बस इस क़दर है शिकायत ग़मे-मुहब्बत में,
शरीक तू न हुआ तेरी दोस्ती होती।
अब इस के बाद मुहब्बत की ज़िन्दगी मालूम,
तेरी निगाह ने इस दम कमी न की होती।

1. तरीक़ा, 2. खिलना

यह सोचता हुआ दुनिया से उठ गया कोई,
तेरी निगाह भी होती तो क्या अभी होती।

कुछ इन्तज़ार का उनवान तो बदल जाता,
जो ग़म की शाम हुई थी तो सुबह भी होती।

यह इख़्तसार बड़ी चीज़ है मुहब्बत में,
तेरी निगाह मेरी शरहे ख़ामुशी होती।

हवा न हैफ़ जिसे हमने तुमने सोचा था,
यह हुस्नो-इश्क़ की दुनिया बदल गई होती।

हज़ार ग़म हो नहीं चाहता कोई दिल से,
कि इसके बदले कोई और ज़िन्दगी होती।

'फ़िराक़' ज़िन्दगी ग़म के राज़ क्या कहिए,
अगर यह मौत न होती तो ज़िन्दगी होती।

---

फ़िराक़ तू ही मुसाफिर है तू ही मंज़िल भी
किधर चला है मुहब्बत की चोट खाए हुए

---

(1938 ई.)

## 106

इक ज़रा इश्क़े-सुबक़-रूह[1] गिरांबार[2] सही,
निगहे-नाज़ में कुछ शर्म के आसार सही।
कुछ न कुछ होश भी लाज़िम है सरे-बज़्मे-हयात,
इश्क़ की बेख़बरी मुहरम-ए-इसरार[3] सही।
इश्क़े-बेबाक को रोके हुए है और ही कुछ,
ख़्वाब आलूदा निगाहें तेरी बेदार सही।
तेरी आहिस्ता ख़िरामी[4] भी सुकूने-दिल है,
इस रविश[5] में भी तेरी शोख़ी-ए-रफ़्तार सही।
गिर्द रह से वह ज़्यादा नहीं यूँ मंज़िले-इश्क़,
कोह व साहरा[6] सही, ज़िन्दाँ सही, गुलज़ार सही।
कारवानों को वह गुमराह न होने देगा,
इश्क़ की आख़िरी मंज़िल रसनो-दार सही।
निगहे-शौक़ में फिर भी हैं तेरे ही जलवे,
न सही दीद तेरी हसरतो-दीदार सही।
मेरे इसरारे-मुहब्बत को मगर आँख नहीं,
तेरे इन्कार से पैदा तेरा इक़रार सही।
क़त्ल आशिक़ के लिए कर न तरद्दुद[7] सरे-दस्त,
ख़मे-आबरू की लचकती हुई तलवार सही।
जो सरे-बज़्म छलक जाए वह पैमाना है,
यूँ तो गर्दिश में हर एक साग़रे[8]-सरशार सही।

---

1. शरीर का आकर्षण 2. बोझ से दबा हुआ 3. ज़िद 4. मस्त चाल 5. तौर-तरीक़ा, चाल-ढाल
6. जंगल 7. उधेड़बुन, पशो-पेश 8. प्याला

तूने जादू का जगाना भी कभी देखा है,
आज वह आँख न बेदार न हुशियार सही।
आलमे-क़ुदस की पड़ती हैं उन्हीं पर छोटें,
हुस्न बद मस्त सही इश्क़ सियाह कार सही।
बात की बात में तकदीर पलट जाती है,
ज़िन्दगी बारे-ग़ुलामी सही, बेगार सही।
इस क़दर इश्क़ नहीं ज़िन्दा दिली से महरूम[1]
तुझसे मायूस सही, ज़ीस्त से बेज़ार सही।
और कुछ मसलहते-ज़िक्रे-सितम था ऐ दोस्त,
ख़ैर इक़रार न मुमकिन हो तो इन्कार सही।
दुख गईं चन्द रगें बोल उठा साज़े-बहार,
फ़ित्नः परदाज़े[2]-चमन गुल न सही ख़ार सही,
इश्क़े-मज़बूर अब इस दर्जा भी मज़बूर नहीं,
कामरानी भी तेरे इश्क़ में बेकार सही।
रश्के-फिरदौस[3] बना लेगा जहन्नुम[4] को भी इश्क़,
तेरे फिरदौस में हर काफिरो-दींदार सही।
बेख़बर इश्क़ में जीने के लिए जल्दी कर,
जान देने के लिए फ़ुरसते बिसयार[5] सही।
फिर भी है क़ाबिले-ताज़ीर[6] कि मुजरिम[7] है
हमने माना कि मुहब्बत का गुनेहगार 'फ़िराक़' सही।

---

मज़हब की हुकूमत थी, दौलत की हुकूमत है,
अब देख हुकूमत कब होती है मुहब्बत की।

---

(1939 ई.)

1. वंचित 2. ढंग 3. स्वर्ग 4. नरक 5. बोलना 6. सज़ा 7. दोषी

## 107

जा न इशारों पर 'फ़िराक़' नर्गिसे-मस्त यार के,
हम भी मिज़ाजदाँ हैं कुछ गर्दिशे-रोज़गार[1] के।

चश्मे-स्याहकार के नशे बे ख़ुमार के,
नाम से बादा ख़्वार[2] के काम हैं हुश्यार के।

बढ़ते चले हैं अब असर चश्मे स्याहकार के,
होने लगे हैं देरपा[3] ग़शे-दिले-बेक़रार के।

अहले नज़र न अहले दिल देखने वाले अब कहाँ,
जलवा बेक़रार के ताबिशें[4] बार-बार के।

औरों को दे के जामे-मय अब कोई आँखें फेरे,
देखनेवाले हम भी थे नर्गिसे-पुर खुमार के।

तुमको मैं जानता हूँ आह क्या हुआ उम्मीदे-ज़िन्दगी,
हो तुम्हीं ज़िन्दगी भी और तुम नहीं एतबार के।

मेरे शकेब-ए[5]-दिल का राज़ है वही जाने-सोज़ो-साज़
है जोहर[6] एक मौज में शोला-ए-बेकरार के।

दर्द भी राहतें भी हैं होश भी वहशतें[7] भी हैं,
क्या है यह तार-तार में दामने-तार-तार के।

चैन सें अहले-ख़्वाबे-नाज़ सोने को यूँ तो सो चुके,
कटने को यूँ तो कट गए ग़मे-शब इन्तज़ार के।

शिकवा करें तो क्या करें और तो ख़ैर जौर है,
मारे हुए हैं हम तेरे लुत्फ़े-सितम शआर[8] के।

---

1. रोज़गार 2. शराब पीनेवाला 3. देरतक रहनेवाला 4. गर्मी, चमक 5. धैर्य 6. कीमती पत्थर
7. जंगलीपन 8. तरीका

ऐ दिले-ज़ार कौले-यार सच हो कि झूठ हम तो बस,
देखनेवाले हैं तेरे आलमे-इन्तज़ार के।

पूछ न उनकी हालतें मारे हुए हैं जो तेरे,
जौरे-करम सिरसरश्त[1] के लुत्फ़े-सितम शआर[2] के।

हिजरे-सुकूँ तलाश को छेड़ दिया ख़्याल ने,
रंजिश बे सबब के और रंजिशे-बार-बार के।

पिछले पहर वह साक़िया यास भरी नज़र तेरी,
जब चले दौरे-आख़िरी बादा-ए-खुशगवार के।

गो किसी रोनेवाले की हसरते दिल निकल गई,
राज़ मगर न खुल सके गिर्या[3]-ए-ज़ार ज़ार के।

ऐसे भी दर्दमन्द हैं मारे हुए जो हैं 'फ़िराक़'
हुस्ने-वफ़ा सरश्त के इश्क़े-जफ़ा शआर के।

---

कौन यह ले रहा है अंगड़ाई,
आसमानों को नींद आती है।

---

(1925 ई.)

1. स्वभाव 2. तरीका 3. रोना

## 108

कितने फसाने बन गए इक दिले-बेक़रार के,
आह इशारा-ए-निहाँ बर्क़-ए-निगाहे-यार के।
आईना-ए-सबा[1] में आज वहशी बेकरार के,
दाग़े ज़िगर झलक गए होश उड़े बहार के।
आज तो रंग और हैं क़ौलो-क़रारे[2]-यार के,
बढ़ते चले हैं एतबार-ए-आलमे-एतबार के।
अब के भी यूँही ऐ 'फ़िराक़' कट गए दिन बहार के,
दिल में उभर के रह गए दाग़ फ़िराक़े-यार के।
गुलशने-दहर की हवा रास न आएगी उन्हें,
होश में आएँ किस लिए खोए हुए बहार के।
हम को हरीमे-नाज़ में कौन सँभालता भला,
देखनेवाले थे हमें जलवा-ए-बेक़रार के।
लाख जहाने-बेखुदी लाख नवाए[3] सरमदी,
एक शिकस्ते-दिल में हैं आशिके-बेक़रार के।
कैफ़े-हयाते-इश्क़ की दुखती हुई वह राहतें,
आह सुकूने-मुज़तरिब कैफ़े-शबाबे[4]-यार के।
हाल तो पूछ लो ज़रा बाम[5] से मुस्करा के तुम,
देखनेवाले आए हैं तूर[6] के जलवा-ए-ज़ार के।
ज़ीस्त के बसूसे मिटे मौत के मरहले[7] कटे,
सूए[8] अदम क़दम उठे वहशी बेक़रार के।

---

1. दर्पण 2. वायदा 3. आवाज़ 4. यौवन 5. छत 6. एक पर्वत 7. कठिन काम, सोपान 8. तरफ

दिल को सँभाले किस तरह जो हैं मिज़ाजे-आशना,
चश्मे-स्याहकार के गर्दिशे-रोज़गार के।
जिस में फसाना-ए-अबद[1] सुन चुके भूल भी चुके,
काटनेवाले अब कहाँ उस शबे-इन्तज़ार के।
कोई जिए तो क्या जिए कोई मरे तो क्या मरे,
मर्ग-ओ-हयात दोनों ही जब न हों एतबार के।
तुमको जगा रहा है कौन देर से आके पिछली रात,
आँखें तो खोलो वहशियो गेसुए-ताबदार के।
आँखों को मलते नाज़ से लेते हुए जम्हाइयाँ,
देखनेवाले आए हैं कुश्ता-ए-इन्तज़ार के।
दिल को मिटा मिटा गए दिल को बना बना गए,
वक़्फ़ा-ए-सब्र आज़मा उश्वः[2]-ए-शर्मसार के।
पूछो न रात बज़्म में देख गए जो इन्क़लाब,
देखनेवाले ए 'फ़िराक़' गर्दिशे-चश्मे-यार के।

(1925 ई.)

1. अन्त 2. नाज़, अदा, चमत्कार

## 109

छिड़ गए साज़े-इश्क़ के गाने,
खुल गए ज़िन्दगी के मयख़ाने।
नींद आने लगी सितारों को,
छिड़ गए अहले-ग़म के अफसाने।
तू कभी बिजलियों से खेला है,
तू किसी की निगाह क्या जाने।
हद्दे-इमकाँ गुज़र गई लेकिन,
बढ़ते ही जा रहे हैं दीवाने।
आशिक़ी का दयार[1] सोना है,
हुए आबाद कितने वीराने।
मिट गए तेरे इन्तज़ार में हम,
ज़िन्दगी क्या हुई खुदा जाने।
एक ज़माना है गौश-ए-बर आवाज़[2],
इश्क़ के बे कहे वह अफ़साने।
आज तो कुफरे-इश्क़ चौंक उठा,
आज तो बोल उठे हैं बुतखाने।
छूट के घर आ गए असीर[3] तेरे,
लेकिन अब उनको कौन पहचाने।
हाले-अन्जामे-इश्क़ क्या कहिए,
अब तो हम भी लगे हैं पछताने।

---

1. देश 2. आवाज़ पर कान लगाए हुए 3. जेल में गिरफ्त

तू खुदा से न कर सका इन्कार,
तू भला दर्दे-इश्क़ क्या जाने ?

कुछ गिराँ[1] हो चला है बारे-निशात,
आज दुखते हैं हुस्न के शाने।

मुत्सिल[2] दौरे-नो का शोर है आज,
पै-ब-पै टूटते हैं पैमाने।

चीर जाती हैं कल्बे[3]-गैती[4] को,
उन निगाहों को कोई क्या जाने।

ताबिशे-हुस्ने-महवशाँ हर सिम्त,
हर तरफ़ इश्क़ के सिया ख़ाने।

दिल से सीखा उभरने का अन्दाज़,
ख़ाके-सेहराने मौजे-दरयाने।

हासिले-हुस्नो-इश्क़ बस है यही,
आदमी आदमी को पहचाने।

जिन में कौनेन खो गए अक्सर,
आशिक़ी के भी क्या थे ग़मखाने।

कुछ तो रंगे-जहाँ बदल ही दिया,
तेरे दीदार की तमन्ना ने।

उठनेवाली है वह निगाहे-करम,
इश्क़ भी कुछ लगा है शरमाने।

बाद मुद्दत के तेरे हिज्र में फिर,
आज बैठा हूँ दिल को समझाने।

यही मकसद हयाते-इश्क़ का है,
ज़िन्दगी ज़िन्दगी को पहचाने।

तू भी आमादा-ए-सफ़र हो 'फ़िराक़'
क़ाफ़िले उस तरफ़ लगे जाने।

(1940 ई.)

1. भारी 2. समीप 3. दिल 4. दुनिया

## 110

शहादते-गाहे[1]-बुलबुल भी क़यामत की ज़मीं निकली,
सरे-गुलशन लहू में तर गुलों की आस्तीं निकली।
बहारे-गुल ने आँखें फेर ली हैं, हम असीरों[2] से,
कि हर मौजे-हवा गुलज़ार से चीं बर[3] ज़बीं निकली।
स्याह मस्तों में शोरे-हरचा बादाबाद है साक़ी,
छुरी खींचे हुए मौजे-शराबे-आतेशीं निकली।
पयाम-ए-बिजलियाँ टूटीं दिले-इशाक़ पर लेकिन,
हज़ारों में करोड़ों में निगाहे-शर्मगीं निकली।
हरीमे-नाज़ दिल ने कर दिया है एक आलम को,
कि जो सूरत नज़र आई वही ख़िल्वत नशीं निकली।
नज़र पड़ते ही अरबाबे[4]-हविस भी जान दे बैठे,
मुहब्बत वह कि दुनिया कह उठे हसरत नहीं निकली।
बयाने-काबा-व-जन्नत से वाइज़[5] जी उचटता है।
जो दिल खींचे वह मुल्के-इश्क़ ही की सरज़मीं निकली।
क़यामत ख़न्दा-ए-गुल कर गया जाने-अनादिल[6] पर,
छुरी मौजे-सबाह[7] तेरी कहीं डूबी कहीं निकली।
नमूदे[8]-शाहिदे-दुनिया थी इक जाती हुई दुनिया,
निगाहे-हुस्ने आलम भी निगाहे-वापसीं निकली।
तुझे पाकर न जाने किस लिए आँसू निकल आए,
मुहब्बत में ख़ुशी भी किस क़दर अन्दूहगीं[9] निकली।

---

1. स्थान 2. कैद में बन्द 3. त्यौरी पर बल डालना 4. लालची लोग 5. परामर्शदाता 6. बुलबुलें 7. सवेरा 8. प्रकट, निशान 9. रंजीदा, शोकातुर

जराहत[1] दर जराहत ज़ख़्मे पिन्हाँ गुंचे-गुंचे का,
सबा की मौजे-लरज़ाँ तीगे-कीं दर तीग़े-कीं निकली।

अरे ओ जलनेवाले, जलनेवाले यूँ नहीं जलते,
अभी शोलों की रग-रग से कसक सी एक नहीं निकली।

तुम अपने घर के थे तुमसे कोई पर्दा न था लेकिन,
जो दिल की बात थी कम्बख़्त वह मुँह से न निकली।

ज़रा मुश्किल से मिलती है निशानी ज़ख़्मे पिन्हाँ की,
तुम्हीं कह दो जिगर में दिल में सीने में कहीं निकली।

जो होश आया तो कसरते-गाहे-आलम का भ्रम टूटा,
वह बेख़बरी थी जिससे हर तमीज़े-आन-ए-दीं निकली।

दबे थे जो शरार उसमें वह दोज़ख में नहीं निकले,
ज़मीने-दिल भी या रब किस क़यामत की ज़मीं निकली।

वह हम थे जिसने बारे-इश्क़ उठाया वक़्त आने पर,
फरिश्ते तेरे निकले, आसमाँ निकला, ज़मीं निकली।

वह तेरी नर्म दोशीज़ा निगाही दिल न भूला,
पड़ी जब जब नज़र तेरी निगाहें-अव्वलीं निकली।

'फ़िराक़' अब तो दिले-बे-मुद्दआ भी मिट चुका कब का,
कहे जाती है चश्मे-शोख़ अभी हसरत नहीं निकली।

(1925 ई.)

1. घाव, ज़ख़्म

## 111

जो भूलकर भी इधर से कभी गुजरता है,
मैं सोचता हूँ कि वह कल को आज करता है।
यह इम्तज़ाजे-गुन्हा-ओ-सवाब[1] और कहाँ ?
तेरी निगाह पे क्या-क्या गुमाँ गुज़रता है।
वह दिल मिटा है कि अब दिल ही दिल के चर्चे हैं,
जो मौत इस तरह आए तो कौन मरता है।
गुनाह-ए-इश्क़ की तस्वीर है वह पैकरे-नाज़,
जमाले-यार इसी उन्वान[2] से सँवरता है।
समाई है तेरे सर में हवाए हूर-ओ-परी,
हमारा दिल तो दम इक आदमी का भरता है।
किसी को सामने पाकर बदन न क्यों टूटे,
निशाते-इश्क़ भी ख़म्याज़ा ग़म का भरता है।
शगुफ़्तगी[3] तो है फिर भी शगुफ़्तगी लेकिन,
फ़सुर्दा होके वह कुछ और भी निखरता है।
उदास होती चली है फ़िज़ा ज़माने की,
कि ग़म से हुस्न भी अब इत्तफाक़ करता है।
कहाँ से आ गई दुनिया कहाँ मगर देखो
कहाँ कहाँ से अभी कारवाँ गुज़रता है।
खुद ऐत्मिाद[4] अगर हो तो कोई तो ऐसा हो,
कि हुस्न इश्क़ से गुस्ताख़ है न डरता है।

---

1. पुण्य 2. विषय 3. ताज़गी 4. यक़ीन, विश्वास

ज़मीन व चर्ख़[1] बदलते हैं करवटें क्या-क्या,
यह कौन वादी-ए-उल्फ़त में पाँव धरता है।
वफ़ा तो दुनिया से मिट गई लेकिन,
दिलों में आज तक इक नक़्श सा उभरता है।
वह बात इश्क़ में क्या है जमाल[2] में जो नहीं,
तेरी बला से कोई अहले-दिल जो मरता है।
अज़ल[3] से इसमें दो आलम समाए जाते हैं,
यह देखना है कि कब दिल का जाम भरता है।
शराब की सी है हुशियार आँख में मस्ती,
जो नशा चढ़ न सका वह कहीं उतरता है।
ज़हे यह आलमे-राज़ो-नियाज़, हुस्न तेरा,
ख़मोश यूँ है कोई जैसे बात करता है।
है कल की बात कि महशर[4] बपा था इस दिल में,
'फ़िराक़' आज यह घर भाँय-भाँय करता है।

(1941 ई.)

1. आकाश 2. सौन्दर्य 3. आदि 4. क़यामत का दिन

## 112

हुई हैं दर्द आश्ना तबीयतें नई-नई,
अज़ीयतें[1] नई-नई हैं राहतें नई-नई।
नियाज़े-इश्क़ पर नई-नई निगाहे-लुत्फ़ हैं,
इबादतें नई-नई हैं, रहमतें नई-नई।
दिलों को जामे-इश्क़ का नया-नया खुमार है,
भरी हैं उस निगाह की भी नीयतें नई-नई।
अभी माले[2]-इश्क़ का ख़याल है नया-नया,
छूटी है कश्तगाने-ग़म की हिम्मतें नई-नई।
ज़मीं की करवटों ने लाख आसमाँ बना दिए,
उठीं ख़रामे-नाज़ से क़यामतें नई-नई।
लबों की जुंबिशे-खफ़ी के मोजिज़े[3] नए-नए
निगाहे-सहरकार की, करामतें नई-नई।
निगाहे-कामयाब का भी ऐतबार उठ गया,
मिलीं तेरे जमाल को नज़ाकतें नई-नई।
मुसाफिरे-रहे-फ़ना अगरचे बेनियाज़ थे,
यहाँ भी पड़ गईं मगर ज़रूरतें नई-नई।
उठा रहा है फ़ित्ने दौर-आसमाँ नए-नए,
दिलो-नज़र में बस रही हैं सूरतें नई-नई।
नज़र बचा के दस्ते-नाज़ ने वरक उलट दिए,
किताबे-दिल की आज हैं इबारतें नई-नई।

---

1. कष्ट, पीड़ा 2. परिणाम 3. चमत्कार

निगाहे-शोक में जमाले-महबशां नया-नया,
स्याहख़ाना-ए-जहाँ की ज़ुल्मतें नई-नई।
हक़ीकते-ग़मो-निशाते-ज़िन्दगी बदल चली,
सुना रही है शामे-ग़म हिकायतें नई-नई।
फ़सुर्दा क्यों है ? चार बूँद आँसुओं में क्या नहीं,
तरावतें नई-नई हरारतें नई-नई।
निसारे-जज़्ब इश्क़ जो सिखा रहा है हुस्न को,
अदावतें नई-नई मुहब्बतें नई-नई।
नज़ारा हाए शोक की भी तरफ़ा छेड़ छाड़ है
निगाहे शर्मगीं की हैं शिकायतें नई-नई।
यह ख़ार ज़ारे-ज़िन्दगी से रंगो-बू क़ा फूटना,
बसा रहे हैं अहले दर्द जन्नतें नई-नई।
बची-बची सी वह नज़र, मिली-मिली सी वह नज़र,
वह फासले नए-नए वह कुरबतें नई-नई।
हज़ार लर्जिशे ख़फी है इक निगाहे-नाज़ में,
निगाहे-शौक़ की हुई सराहतें नई-नई।
चलेगा काम क्या सुकूनो-इज़तराबे-क़ल्ब से
मिली हैं तेरे दर्द की अमानतें नई-नई।
ग़मो ख़ुशी की साफ खुल रही है बे हक़ीकती,
हैं इश्क़ को तेरी नज़र से निसबतें नई-नई।
निगाहे अव्वलीं दिलों को दे रही है आज तक,
लताफतें नई-नई नज़ाकतें नई-नई।
'फ़िराक़' की निगाहे-शौक के न राज़[1] पूछिए,
खुली हैं हुस्नो-इश्क़ की हक़ीक़तें नई-नई।

(1941 ई.)

1. रहस्य

## 113

मौत एक गीत रात गाती थी,
ज़िन्दगी झूम-झूम जाती थी।
कभी दीवाने रो भी पड़ते थे,
कभी तेरी भी याद आती थी।
किसके मातम में चाँद सितारों से,
रात बज़्मे-अज़ा सजाती थी।
रोते जाते थे तेरे हिज्रे नसीब,
रात फुर्क़त की ढलती जाती थी।
ज़िक्र था रंगो-बू का और दिल में,
तेरी तस्वीर उतरती जाती थी।
हुस्न में थी उन आँसुओं की चमक,
ज़िन्दगी जिनमें मुस्कराती थी।
दर्दे-हस्ती चमक उठा जिसमें,
वह हम अहले-वफ़ा की छाती थी।
था सुकूते-फ़िज़ा तरन्नुम रेज़,
ब-ए-गेसुए-यार गाती थी।
ग़मे-ज़ानाँ हो या ग़मे-दौराँ,
लौ सी कुछ दिल में झिलमिलाती थी।
ज़िन्दगी को वफ़ा की राहों में,
मौत ख़ुद रोशनी दिखाती थी।

बात क्या थी कि देखते ही तुझे,
कुलफ़ते[1]-ज़ीस्त भूल जाती थी।
थे नूह[2] अफ़लाक[3] गोशे-बर-आवाज़[4],
बेख़ुदी दास्ताँ सुनाती थी।
करवटें ले उफ़क़[5] पै जैसे सुबह,
कोई दोशीज़ा रसमसाती थी।
ज़िन्दगी ज़िन्दगी को वक्ते-सफ़र
कारवाँ-कारवाँ छुपाती थी।
ग़म की वह दास्ताने-नीम शबी,
आसमानों को नींद आती थी।
मौत भी गोशे-बर-सदा थी 'फ़िराक़'
ज़िन्दगी कोई गीत गाती थी।

---

आए न नज़र लकीर ऐसी
नेकी व बदी के दरमियाँ है।

---

पिछले पहर शबे-फ़िराक़ कौन यह मुझसे कह गया,
तेरा जवाब फिर कहाँ तू जो यह दर्द सह गया।

---

(1943 ई.)

1. कष्ट 2. नौ 3. आकाश 4. किसी बात को सुनने का उत्सुक 5. आकाश और धरती के मिलने का स्थल

## 114

दोनों वक़्त मिलते हैं कुछ हवा सी चलती है,
झटपटा है, दुनिया की ज़िन्दगी बदलती है।
पौ फटे वह रंग अपना सर बसर बदलती है,
देख रात की जोगन क्या भभूत मलती है।
वाक़ई तेरी सूरत यूँ त्ो कब बदलती है,
फिर भी दिल के साँचे में सौ तरह से ढलती है।
जैसे सुबह की देवी छाँव में सितारों की,
यूँ उम्मीद की सूरत यास में निकलती है।
देख नज़्मे-नो ने ली वह उफ़क़ पै अंगड़ाई,
यह जमीं भी जैसे करवटें बदलती है।
मौत ने निखारा है आलमे-नमू[1] मेरा,
मेरी ज़िन्दगी ऐ दोस्त ज़हर खाके पलती है।
मौत का पयाम आए या हयाते-नौ पाए,
इस फ़सुर्दा दुनिया की आज नब्ज़ जलती है।
आग लग गई जिससे सोज़े-ग़म का नावक[2] था,
अब भी इश्क़ की चुटकी देख ले कि जलती है।
इक अजब मुअम्मा[3] है इश्क़ की तबीयत भी,
जब बहुत ही घबरा जाए तब ज़रा सँभलती है।
सरकशाने[4]-आलम आज दब गए ग़रीबों से,
ख़ाक आसमानों का यूँ ही सर कुचलती है।

---

1. बढ़ना 2. एक क़िस्म का तीर 3. रहस्य 4. विद्रोही, स्वेच्छाचारी

आतिशे-ग़मे-जानाँ, आतिशे ग़मे-दौराँ,
बुझते-बुझते बुझती है, जलते-जलते जलती है।
शेख़ो-ब्राह्मन में देख एक झूठ की ख़ातिर,
कब से चलती आई है कब तक और चलती है।
इश्क़ को तो सुनते हैं होश आ चला शायद,
हुस्न की तबीयत अब देख कब सँभलती है।
एक बात थी तेरी जिसकी याद फुरक़त में,
आते-आते आती है टलते-टलते टलती है।
जिसको तुझसे सुनने की उम्र भर तमन्ना थी,
कह रहा है तू इसको तो वह बात खुलती है।
साग़रे-फ़ना पीकर जी उठी है यह दुनिया,
मौत के भी शीशों से ज़िन्दगी उबलती है।
कोई रहती दुनिया को किस तरह कहे फ़ानी,
जिसके ज़र्रे-ज़र्रे में ज़िन्दगी मचलती है।
आँख वह कि बे बदले सरे-बसर बदल जाए,
एक राह के यह दुनिया जिस तरह बदलती है।
इस तरह पलटता है इस निगाह का जादू,
ख़ून में छुरी जैसे डूबकर उछलती है।
जिसमें हो खुशी का रंग जिससे बूए-दर्द आए,
बज़्मे-नाज़ में अक्सर वह शराब ढलती है।
आँख खोलना तेरा वक़्त की है बेदारी,
तू है जागने को या सुबह आँख मलती है।
हुस्न की सबाहत[1] को क्या बताइए, जैसे,
चाँदनी मनारे[2] पर पिछली रात ढलती है।
वह तेरी मुहब्बत है जो रियाज़े-आलम में,
फैलती है बू बन के बन के रंग उछलती है।
ग़म ही पर नहीं मौकूफ़[3] वह खुशी हो या कुछ हो,
अहले ग़म के सीनों में इक छुरी सी चलती है।
ख़ून से शहीदों के उठ रही है, लौ दिन रात,
इस लहू की ठंडक से यह ज़मीन जलती है।

---

1. गोरापन 2. ऊँचा स्तंभ 3. निर्भर

मुद्दतें हुईं दिल पर वह निगाह उठी थी,
एक रंग से अब तक डूबती उछलती है।
क्या क़यामते-फर्दा उसका बस जवाँ होना,
उन सियाह आँखों में इक निगाह पलती है।
हुस्न से तेरी वहशत लाख उन्स[1] बन जाए,
याद रख कि मुश्किल से यह झिझक निकलती है।
नख़्ले[2]-ग़म की डाली को सींचते हैं शोलों से,
जिस क़दर यह जलती है फूलती है फलती है।
ज़िन्दगी में 'मैं' और 'तू' हमसफर हुए कैसे,
मुझसे मेरी परछाईं दूर-दूर चलती है।
ए 'फ़िराक़' क्या होगा और ज़ीस्त का मातम,
ज़िन्दगी की हालत पर मौत हाथ मलती है।

---

हज़ार बार तेरा हुस्न, हुस्न हो के रहा,
वह हम थे इश्क़ को, जो कर सके न इश्क़ कभी

---

(1941 ई.)

1. प्रेम 2. वृक्ष

## 115

जब लग गईं महनतें ठिकाने,
तक़दीर लगी है मुस्कराने।
कुछ भी न था इश्क़ की गिरह में,
और फिर भी लुटा दिए खज़ाने।
खुल जाएँ ज़माँ मकाँ की आँखें,
छेड़ ऐ दिल आज वह तराने।
है बादे नसीम[1] गो सुबुक[2] रौ,
गुलशन में लगी है लड़खड़ाने।
आधा गुलज़ार[3] है क़फ़स में,
वीराँ पड़े हैं आशियाने।
आई तेरी याद दिल हुए ख़ून,
गुलज़ार खिला दिए सबा[4] ने।
इक नग़मा-ए-साज़े-सरमदी[5] है,
हाँ सुन कभी ग़म के शादयाने।
गुलशन में धुआँ सा उठ रहा है,
बरसात के आ गए ज़माने।
याद आई तेरी, तो ख़ामुशी भी,
इक धुन में लगी है गुनगुनाने।
वहशत हो जहाँ भर से जिसको,
वह ख़ाक कहाँ-कहाँ की छाने।

---

1. प्रातःकालीन वायु 2. हल्की 3. बग़ीचा 4. हवा 5. नित्यता, अनश्वरता

यह दर्द भरी पुकार कैसी,
यह किसको लगा है दिल जगाने।
जैसे कोई आ रहा हो इस सिमत[1],
मुमकिन है वही हो, कौन जाने।
कोनीन को नींद आ चली है,
उफ़ तेरी निगाह के फ़साने।
सब इश्क़ की कारसाज़ियाँ थीं,
जो कुछ भी हुआ इसी बहाने।
था ज़िक्रे-करम 'फ़िराक़' उसका,
क्यूँ आँख लगी है डबडबाने।

(1939 ई.)

1. दिशा

# 116

जिसे लोग कहते हैं तीरगी[1], वही शब हिजाबे-सहर भी है,
जिन्हें बेखुदी-फ़ना मिली, उन्हें ज़िन्दगी की ख़बर भी है।
तेरे अहले-दीद को देख के कभी खुल सका है यह राज़ भी,
उन्हें जिसने अहले-नज़र किया वह तेरा ख़राबे नज़र भी है।
यह विसालो-हिज्र की बहस क्या कि अजीब-चीज़ है इश्क़ भी,
तुझे पाके है वही दर्दे-दिल, वही रंगे-ज़ख्मे-जिगर भी है।
यह नसीबे-इश्क़ की गर्दिशें कि ज़माँ मकाँ से गुज़र के भी,
वही आसमाँ, वही शामे-ग़म, वही शामे-ग़म की सहर भी है।
तेरे कैफ़े-हुस्न की जान है मेरी बेदिली-व-फ़सुर्दगी,
जिसे कहते हैं ग़मे रायगाँ[2] वह लिए हुए कुछ असर भी है।
न रहा हयात की मंज़िलों में वह फ़र्क़ नाज़ो-नियाज़ भी,
कि जहाँ है इश्क़ बरहना[3], वहीं हुस्ने-ख़ाक बसर भी है।
वह ग़मे-फ़िराक़ भी कट गया, वह मलाले-इश्क़ भी मिट गया,
मगर आज भी तेरे हाथ में वही आस्तीन है कि तर भी है।
दमे हश्र अज़ल की भी याद कर, यह ज़बान क्या, यह निगाह क्या,
जो किसी से आज न हो सका, वह सवाल बारे-दिगर भी है।
जो विसालो-हिज्र से दूर है, जो करम सितम से है बेख़बर,
कुछ उठा हुआ है वह दर्द भी, कुछ उठी हुई वह नज़र भी है।
यह पता है उसकी इनायतों ने ख़राब कितनों को कर दिया,
यह ख़बर है नर्गिसे-नीम दा की गिरह में फित्नः व शर भी है।
इसी शामे-मर्ग की तीरगी में है जलवा-हाये हयात[4] भी,

1. अन्धकार 2. व्यर्थ का रंज 3. खुला 4. ज़िन्दगी के जलवे

उन्हीं ज़ुल्मतों के हिजाब में यह चमक यह रक़्से-शरर भी है।
वही दर्द भी है दवा भी है, वही मौत भी है, हयात भी,
वही इश्क़ नावक-नाज़ है, वही इश्क़ सीना सिपर[1] भी है।
तो जमाँ मकाँ से गुज़र भी जा तो रहे अदम को भी काट ले,
वह सवाब हो कि अज़ाब हो, कहीं ज़िन्दगी से मुफर भी है।
जो गले तक आके अटक गया, जिसे तलख़ काम न पी सके,
वह लहू का घूँट उतर गया तो सुना है शीर-शकर भी है।
कोई अहले-दिल को कमी नहीं, मगर अहले-दिल का यह कौल है,
अभी मौत भी नहीं मिल सकी, अभी ज़िन्दगी में कसर भी है।
बड़ी चीज़ दौलतो-जाह है, बड़ी वुसअतें[2] हैं नसीब इसे,
मगर अहले-दौलतो-जाह में कहीं आदमी का गुज़र भी है।
यह शबे दराज़ भी कट गई, वह सितारे डूबे, वह पौ फटी,
सरे-राह ग़फलते-ख़्वाब से अब उठो कि वक़्ते-सहर भी है।
जो उलट चुके हैं बिसाते-दहर[3] को अगले वक़्तों में बारहा,
वही आज गर्दिशे-बख़्त है वही रंगे-दौरे-क़मर[4] भी है।
न ग़मे-अज़ाबो-सवाब से कभी छेड़ फितरते-इश्क़ को,
जो अज़ल से मस्ते-निगाह है उसे नेको-बद की ख़बर भी है।
वह तमाम शुक्रो-रज़ा सही वह तमाम सब्रो-सुकूँ सही,
तू है जिससे माइल इम्तहाँ, वह फ़रिश्ता है तो बशर भी है।
यह कहो तग़ाफुले-हुस्न से कोई कारसाज़ी-ग़म करे,
कि जो आज दिल से निकल गई वह दुआ ख़राबे-असर भी है।
तेरे ग़म की उम्रे-दराज़ में कई इन्क़लाब हुए मगर,
वही तूले[5]-शामे-फ़िराक़ है, वही इन्तज़ारे-सहर भी है।

**(1938 ई.)**

1. ढाल 2. व्यापकता 3. ज़माने का बिछोना 4. चाँद 5. लम्बाई

## 117

जब उन्हें पयाम-ए-नुमूँ मिला तो गुलों का रंग उड़ा भी है,
कि लहू-चमन में उछालने को नसीम[1] भी है सबा[2] भी है।
जिसे देख फिक्र दवाम[3] है कोई आशनाए फ़ना भी है,
यह प्यामे-बादे-ख़िजाँ भी सुन कि गुलों में बूए-वफ़ा भी है।
न अज़ल है कुछ न अबद है कुछ, यही मौत है, यही ज़िन्दगी।
जिसे वक़्त कहते हैं अहले-दिलो-फ़ना भी है, वह बक़ा भी है।
तू निगाहे-यासो-लबे-सकूत[4] की जुंबिशों में उलझ गया,
जिसे ख़ामुशी भी न कह सकी, वह फसाना तूने सुना भी है।
तेरा ग़म है राहते-दायमी[5], तेरा ग़म है जाने-सुकूँ, मगर,
वही दर्द बनके उठा भी है, वही तीर बनके चला भी है।
यह गदाज़ दिल यह सरश्क-ए[6]-ग़म, कोई बात ऐसी नहीं मगर,
तू ख़्याल कर तो बजा भी है, तू निगाह कर तो रवा भी है।
तुझे हैरतें हैं यह सोचकर कि तू इश्क़ को न समझ सका,
जिन्हें ज़िन्दगी का मज़ाक है उन्हें रंजो-ग़म का पता भी है।
न वुजूद की, न अदम की है यह सदाए-नग़मा-ए-सरमदी,
कहीं छेड़ने से हयातो-मौत के साज़े-इश्क़ छिड़ा भी है।
इस अदाए-सब्रो-सुकूत पर, इस अदाए-शुक्रो-यास पर,
न मलूल[7] हो कि बयाने-ग़म कभी अहले-ग़म से हुआ भी है।
राह-बेखुदी से गुज़र गए कई कारवाने-जुनूँ मगर,
वही जलवे-लाला-ओ-गुल के हैं, वही रंग बादे-सबा भी है।
तेरे रंगो-बू को फरोग़ दे ग़मे इश्क़ की यह फ़सुर्दगी,

---

1. ठंडी हवा 2. प्रातःकालीन वायु 3. सदैव 4. रुके हुए होंठों की निराश दृष्टि 5. स्थायी 6. आँसू, क़तरा 7. उदास

न असर करे तो है आहे-दिल, कुछ असर करे तो दुआ भी है।
हैं शुआए-महर[1] में जुंबिशें, तो हैं मौजे-बहर में लरज़िशें,
इसे होश कहिए कि बेखुदी कोई तुझको भूल सका भी है।
यह मेरे नसीब कि जौरे-हुस्न के कुछ हिजाब से उठ चले,
यह तेरा करम कि मुझे मिटा के तू आज मुझसे ख़फा भी है।
यह अज़ल भी क्या, यह अदम भी क्या, कभी आके देख 'फ़िराक़' को,
इसी ज़िन्दगी की तुझे क़सम कि जो दर्द भी है दवा भी है।

**(1938 ई.)**

1. चाँद की किरणें

## 118

न समझने की यह बातें न समझाने की,
ज़िन्दगी उचटी हुई नींद है दीवाने की।
कम नहीं कुछ ग़मे-पिन्हां तेरे नाकामों को,
किस को फ़ुरसत है तेरे हिज्र के ग़म खाने की।
निगहे-नाज़ किसी मस्त की क्यूँ आए न याद,
साक़िया आह वही रूह थी मयख़ाने की।
यह तेरी ज़ुल्फ़ें स्याह, यह तेरी मस्ती भरी आँख,
वहशतें सब हैं इसी में तेरे दीवाने की।
टपकी पड़ती है मये नाब[1] रिसे जाते हैं हाथ,
ख़ैर साक़ी तेरे चटके हुए पैमाने की।
ज़िन्दगी में दिले-बर्बाद के होले बेचैन,
फिर हवाए-चमने-इश्क़ नहीं आने की।
खींच के रख दी तेरी लग़ज़िशे[2]-मस्ताना ने,
एक तस्वीर छलकते हुए पैमाने की।
क्या है यह सिलसिला-ए-हस्ती पेंचीदा-ए-दहर,
एक उतरी हुई ज़ंज़ीर है दीवाने की।
सुबह को देख जो आलम है सर शम्मे-ख़मोश,
रह गई बात सरे-बज़्म तो परवाने की।
पर्दा-ए-यास में उम्मीद ने करवट बदली,
शबे-ग़म तुझ में कमी थी इसी अफ़साने की।

---

1. ख़ालिस 2. फिसलन, कँपकँपी

सोज़े-ख़ामोशे-मुहब्बत का भरम कायम रख,
इश्क़ में आहो-फ़ुग़ाँ[1] काम नहीं आने की।

छुप गई शमा-ए-सरे-तूर तमाशाई से,
दास्ताँ कहती हुई साँस उखड़ जाने की।

अब किसे नसती[2] कहिए, किसे हस्ती[3] कहिए,
ज़िन्दगी मुझ को क़सम देती है मर जाने की।

दामने-अब्र[4] में क्या बर्क़ का छुपना देखें,
हमने देखी हैं अदाएँ तेरे शर्माने की।

उजले-उजले से कफ़न में सहरे[5]-हिज्र 'फ़िराक़'
एक तस्वीर हूँ मैं रात के कट जाने की।

---

ताबिश-ए-महरो[6]-माह[7] और सोज़े-हयात के सिवा,
जलवादेह फ़िज़ाए-दहरे-इश्क़ की आँच थी 'फ़िराक़'।

---

रंगे-रूख़ खुला इस तरह आँच इश्क़ की खाकर,
फूल जिस तरह निखरे सूखने से शबनम के।

---

(1924 ई.)

1. रोना-पीटना 2. बिना अस्तित्व के 3. अस्तित्व 4. बादल 5. सुबह 6. सूर्य 7. चन्द्रमा

## 119

कोई पैग़ाम किसी दिन लबे-एजाज[1] तो दे,
मौत की आँख भी खुल जाएगी आवाज़ तो दे।
मक़सदे-इश्क़ हम आहंगी[2] जुज़ू[3]-ए-कुल है,
दर्द ही दर्द सही दिल बू-ए-दमसाज़ तो दे।
चश्मे-मख़मूर के उनवाने-नज़र कुछ तो खुलें,
दिले-रंजूर[4] धड़कनों का कुछ अन्दाज़ तो दे।
एक ज़रा हो नशा-ए-हुस्न में अन्दाज़े-खुमार,
इक झलके-इश्क़ के अंजाम की आगाज़[5] तो दे।
जो छुपाए न छुपे और बताए न बने,
दिले-आशिक़ को उन आँखों से कोई राज़ तो दे।
मुन्तज़िर इतनी कभी थी न फ़िज़ाए आफाक़[6],
छेड़ने ही को हूँ पुरदर्द ग़ज़ल साज़ तो दे।
हम असीराने-क़फ़स आग लगा सकते हैं,
फुरसते-नग़मा कभी हसरते-परवाज़[7] तो दे।
इश्क़ इक बार मशीयत[8] को बदल सकता है,
अन्दिया[9] अपना मगर कुछ निगहे-नाज़ तो दे।
क़ुरब-ओ-दीदार तो मालूम किसी का, फिर भी,
कुछ पता सा फलके-तफ्रिक़ा पर्दाज़ तो दे।
मंज़िलें गर्द की मानिन्द उड़ी जाती हैं,
अब्लकें[10]-दहर कुछ अन्दाज़े-तगो-ताज़[11] तो दे।

---

1. सम्मान 2. समरसता 3. अंश 4. बीमार 5. प्रारम्भ 6. दुनिया 7. उड़ान 8. इच्छा, 9. राय, इरादा 10. दो रंगवाला 11. दौड़-धूप

कान से हम तो 'फ़िराक़' आँख का लेते हैं काम,
आज छुपकर कोई आवाज़ पर आवाज़ तो दे।

---

अपनी गर्मी ही से आया इश्क़ में एक बाँकपन,
अपनी ही नर्मी से घायल हो गया हुस्ने-बुताँ।

---

(1942 ई.)

## 120

न आना तेरा अब भी गरचे दिल तड़पा ही जाता है,
तेरे जाने पै भी लेकिन सकूँ सा आ ही जाता है।
न बुझनेवाला शोला था कि नख़ले[1]-इल्म का फल था,
अभी तक दिल से इन्साँ के धुआँ उठता ही जाता है।
यह भोली-भाली दुनिया भी सियानी है क़यामत की,
कोई करता है चालाकी तो धोका खा ही जाता है।
हज़ारों हैं जो खुद को बे नियाज़े-ग़म समझते हैं,
कभी कुछ अब्र[2] सा लेकिन दिलों पर छा ही जाता है।
न यूँ तस्वीरे-उजलत[3] बन के बैठो मेरे पहलू में,
मुझे महसूस होता है कोई उठता ही जाता है।
निखरता ही चला जाता है, हुस्ने आईना परवर,
अज़ल से दिल के साँचे में कोई ढलता ही जाता है।
मुहब्बत सीधी-सादी चीज़ हो पर इसको क्या कीजिए,
कि यहं सुलझी हुई गुत्थी कोई उलझा ही जाता है।
अरे धोका तो वह है जो कोई चालाक खा जाए,
कभी दुनिया में इन्साँ यूँ तो धोका खा ही जाता है।
मेरे तर्के-मुहब्बत पर अब इतनी भी न हैरत कर,
कहाँ तक बेहया हो आदमी शर्मा ही जाता है।
मराग़िम[4] पुरसिशों की दस्तरस[5] से दूर है हमदम,
मगर खुश हूँ कि जो आता है कुछ समझा ही जाता है।

---

1. वृक्ष 2. बादल 3. जल्दी 4. रंजीदा 5. पहुँच, हैसियत

निहायत शौक से आए दिले-ग़मगीं में वह लेकिन
न अब जाते ही बनती है न अब ठहरा ही जाता है।
यही है इर्तिक़ा[1] नादाँ यही मेराजे-इन्सानी,
अज़ल से दर्दे-हस्ती ता अबद उठता ही जाता है।
दिले-नादाँ मुहब्बत में खुशी का यह भरम क्या ख़ूब,
तेरी इस सादगी पर हुस्न को प्यार आ ही जाता है।
ग़मे-जानाँ दरे-दिल पर तेरी गो पासबानी है,
ग़मे-दौराँ मगर ज़ंजीरे-दर खड़का ही जाता है।
कुजा[2] इन्सान की अजमत, गुलामी की कुजा लाअनत,
कहाँ तक ऐसे में ज़ब्त[3] हो, गुस्सा आ ही जाता है।
वह तेरे दर्द का इन्सानियत का दर्द बन जाना,
खुशअदा ज़ख़्म अच्छा हो कि जो दुखता ही जाता है।
बज़्मे-जाहो-मन्सूब तूने खुद को भी बड़ा समझा,
अरे ओबे हक़ीक़त रहम तुझ पर आ ही जाता है।
उलट जाती हैं तदबीरें पलट जाती हैं तकदीरें,
अगर ढूँढ़े नई दुनिया तो इन्साँ पा ही जाता है।
वह मस्ते-नाज़ उठाता है क़दम सौ एहतियातों से,
लबा लब जामे-मै चलते हुए छलका ही जाता है।
जो दस्ते-ग़ैब[4] ने सुबहे-अज़ल रख दी थी सीनों में,
सुख़न तेरा 'फ़िराक़' उस आग को भड़का ही जाता है।
इक जाती हुई दुनिया इक आलमे-हैरत है,
इन दोनों का मिल जाना दुनियाए-मुहब्बत है।

(1943 ई.)

1. उन्नति, विकास 2. कहाँ 3. अनुशासन 4. छिपे हाथ

## 121

तुझ को पाकर भी तमन्ना का वही जोश रहे,
आह वह शोक जो आग़ोश[1] दर आग़ोश रहे।
हुस्न को ग़ैब से सद अज़्ने[2]-निशात आराई,
इश्क़ के वास्ते यह शर्त कि ग़म कूश[3] रहे।
यही कहती हुई साग़र से उठी मौजे-शराब,
है तहे जाम भी इक चीज़ अगर होश रहे।
लरज़िशे-साज़े-जुनूँ पर हो यह महविय्यते[4]-हुस्न
नर्गिसे-होश रुबा भी हमातन[5] गौश रहे।
कान बजते रहे इक उम्र तक अहले-दिल के,
बन्द सीने में वह हंगामा-ए-ख़ामोश रहे।
हुस्न होने को है सर ता बकदमे[6] लुत्फो-करम,
काश कुछ देर कोई शिकवा फरामोश[7] रहे।
आज वह तुझ से बहुत दूर हैं पाकर भी तुझे,
ग़मे-तनहाई से जो लोग हम आग़ोश रहे।
लबे-ख़ामोश का हम सुन न सके कोई पयाम,
हमातन गोश रहे और गिराँ गोश रहे।
तीरा बख़्ती[8] न मिटे गरम नवाई से 'फ़िराक़'
इश्क़ का शो'ला आवाज़ सियाहपोश रहे।

(1942 ई.)

1. गोद 2. गूँथना 3. सहन करनेवाला 4. गुम हो जाना, डूब जाना 5. पूर्णतया 6. सर से पैर तक 7. भूलना 8. दुर्भाग्यता

## 122

साथ मेरा यक-ब-यक[1] बनता मुकद्दर छोड़ दे,
चारा गर[2] दस्ते-शिफा[3] में लेके नश्तर छोड़ दे।
एक लम्हा दिल नवाज़ी का हरीफ़े[4]-उम्र है,
आज खुश कर दे मुझे और कल को मुझपर छोड़ दे।
वाकिअः रदो[5]-क़ुबूले-दिल का क्या है, जिस तरह,
लाके होंटों तक कोई मस्ती में सागर छोड़ दे।
इश्क़ की तहरीक पिन्हाँ यूँ समझ ले हम नशीं,
जैसे कोई बादिया[6] ना आशना घर छोड़ दे।
कुफ़्र कहता है कि इक बुत है यह ईमाँ भी तेरा,
ऐ मुसलमान पूजना तू भी यह पत्थर छोड़ द्रे।
कौन है वह रहगुज़र ऐ चर्ख क्या है वह मुक़ाम,
इश्क़ जिस जा हुस्न को भी ख़ाक बरसर छोड़ दे।
यूँ भरे बादल नज़र आए फ़िज़ाए-शर्क़[7] में,
उमड़े दिल से जिस तरह कोई तेरा दर छोड़ दे।
नामा[8]-ए-दो लफ़्ज़े-दिलदारी मेरा हर शे'र है,
जैसे बे लिक्खे कोई दफ्तर का दफ्तर छोड़ दे।
इस रिहाई और जाँ बख़्शी को क्या समझूँ 'फ़िराक़',
सैद[9] को सय्याद[10] जैसे कुछ समझकर छोड़ दे।

(1943 ई.)

1. अचानक 2. सहारा देनेवाला 3. इलाज 4. शत्रु 5. अस्वीकार करना 6. जंगल, बियाबान 7. पूर्व 8. पत्र 9. मारे जानेवाला पशु 10. शिकारी

## 123

अबद भी अपनी परछाईं, अज़्ल भी रोशनी अपनी,
मुहब्बत को कमी क्या मौत अपनी ज़िन्दगी अपनी।
लुटा दे अपनी ज़ुल्मत, आम कर दे रोशनी अपनी,
हयात अपनी, मुमात[1] अपनी, मलाल अपना, ख़ुशी अपनी।
चमन की ताज़गी आईना दारे-अश्के शबनम है,
झलकती है तेरी रंगीनियों में सादगी अपनी।
सुकूते-नाज़ में रंगे-तकल्लुम जज़्ब होने दे,
निखरने दे ज़रा शाने-प्यामे-सरमदी अपनी।
नसीमे-सुबहे का दामन कहीं आलूदा[2] होता है,
बचा लेता है हुस्ने-नर्ग ख़ू दोशीज़गी अपनी।
ख़ुशा यह जलना आराई-ज़हे यह कुफ़्रे-सामानी,
ख़ुशी अपनी, ग़म अपना, नूर अपना, तीरगी अपनी।
निशाते-हुस्न को अहसासे-ख़ुद न आगही कब था,
मुकम्मल हो चली शायद कि ग़मे-शाइस्तगी अपनी।
मुहब्बत ने हुसूले-ज़िन्दगी कुछ और ही समझा,
कि दुनिया में न ग़म अपना, न दुनिया में ख़ुशी अपनी।
ग़मे-इमरोज़[3] को वक्फ़ा-ए-ग़मे-फ़र्दा[4] क्या नाहक,
वह दुनिया चीज़ जिस की भी हो, यह दुनिया तो थी अपनी।
छुपाता जा रहा हूँ तुझ को चश्मे-हैराँ से,
बढ़ाता जा रहा हूँ फुरसते-नज़्ज़ारगी अपनी।

---

1. मृत्यु 2. प्रदूषित 3. आज का दिन 4. आनेवाला दिन

वफ़ूरे[1]-ज़िन्दगी भी कारवाँ दर कारवाँ निकला,
सवादे-गर्दे मंज़िल बन गई है मौत भी अपनी।
करम हो या सितम कुछ हद भी रखती है यह ग़ैरियत,
न तेरी दोस्ती अपनी न तेरी दुश्मनी अपनी।
मुहब्बत नाम था दुनिया में एक पैहम[2]-कशाकश का,
कि अपनी ज़िन्दगी भी थी कभी तेरी कभी अपनी।
कोई सुनता नहीं तो बेज़बानी क्या ज़बाँ बनती,
सुकूते-बेकसी ने आज खोई बात भी अपनी।
सरे-राहे-मुहब्बत आदमी की साँस क्यों उखड़े,
नफ़्स की मौज को दे दे अदाए कमरवी अपनी।
हम अहले-ग़म ने कल पर टाल रखा रहमते-हक़ को,
खुले पे ख़ुल्द के दर भी तबीयत ही न थी अपनी।
यह राहें छोड़ दीं हमने ख़िज़र जिन में भटकते थे,
दलीले-मंज़िले मकसूद[3] है कम गुश्तगी अपनी।
अपनी फितरत से होना है नुमायाँ शाने-इंसानी,
अभी हर चीज़ में महसूस होती है कमी अपनी।
ज़रा देखो तो हुस्नो-इश्क़ की दुनिया कहाँ पहुँची,
'फ़िराक़' अब तक लिए बैठे हो आशुफ़्ता[4] सरी अपनी।

(1940 ई.)

1. बहुतायत, अधिक 2. लगातार 3. गन्तव्य 4. परेशान

## 124

फ़िज़ाए-अर्श पै भी मौजे-बादा का शक है,
निगाहे-मस्त का साक़ी असर कहाँ तक है।
जुनूँ के तपते बुतों में तेरा दिया हुआ सोज़,
फ़िज़ाए-सुबह गुलिस्ताँ में तेरी ठंडक है।
मशीयतें कभी बदली हैं और न बदलेंगी,
यकीं इसका ज़माने को है, मुझे शक है।
तेरी जफा का वह आलम नहीं रहा लेकिन,
जो हाले इश्क़ था आगाज़ में वह अब तक है।
अज़ल से ताबे अबद ज़ेरे-चरख ठान के जून,
अज़ल हज़ार लड़े ज़िन्दगी भी अनथक है।
बनेगी ग़म के अनासिर से इक नई दुनिया,
निशाते-हुस्न से तुम पूछो, अगर शक है।
कहा था हुस्न ने दिल से उलट दे नज़्मे-जहाँ,
इसी सलाह पे दिल कारबन्द अब तक है।
शिकस्तो-फतह से रह, इश्क़ की तरह बेफिक्र,
किसी के हाथों जिसे गाम गाम पर ज़क है।
निशाते-इश्क़ के खुलते ही भेद आँख भर आई,
अभी तो हँसते थे, यह हाल क्यूँ अचानक है।
तरीक़े-इश्क़ के बारे में लोग पूछते हैं,
है यह भी राह कोई, यह भी कोई मसलक[1] है।

1. मार्ग, सिद्धांत

हयात और यह बहस-ए-ग़मो-निशात कुछ और,
किसी से कौन कहे मुफ्त की यह झक-झक है।
निगाह-यार के नैरंगे-लुत्फ़ क्या कहना,
ख़ुशी है हद से सिवा, ग़म भी अन्दक[1] अन्दक है।
'फ़िराक़' ऐसे में क्यूँ आँख डबडबा गई,
हवा में ज़म लचक है फ़िज़ा में ठंडक है।

(1943 ई.)

1. थोड़ा-सा

## 125

तड़पना ता बाके[1], गो शामे-ग़म तड़पा ही जाती है,
कि इक दिन जागनेवालों को भी नींद आ ही जाती है।
न वह शिद्दते-मुहब्बत की, न वह बेताबियाँ लेकिन,
तेरी याद आते ही दिल पर घटा सी छाई जाती है।
बजा बेबाकियाँ, पर हुस्न की फ़ितरत को क्या कीजिए,
कि पड़कर आँख में वह आँख कुछ शर्मा ही जाती है।
बा हर अन्दाज़ खिंच ही जाती है तस्वीरे-सर मस्ती,
निगाहे-नीम व अभी जामे-मय छलका ही जाती है।
किसी को भी न हो महसूस लेकिन जुंबिशे-दामन,
हो इसी जानिबे व रफ़्तगाँ सनका ही जाती है।
मुहब्बत लाख ग़मगीं हो, मुहब्बत लाख बे हिस हो,
तेरी हर नरम चुटकी दिल की रग फड़का ही जाती है।
किसी की सोहबते-मय याद आ ही जाती है हमदम,
दबी सी चोट उभरकर जामे-दिल खनका ही जाती है।
शुआ-ए-आफ़ताबे-सुबहे या दस्ते-निगारीं हो,
इक अंगुश्ते[2]-हिनाई इश्क़ को चौंका ही जाती है।
असर है साफ़ नूरे-सुबह रंगा-रंग किरनों का,
जब आईं शोख़ियाँ तो सादगी भी आ ही जाती है।
निगाहे-नाज़े-जानाँ सरसरी हो, तायराना[3] हो,
जिधर को उठ गई कुछ फूल से बरसा ही जाती है।

---

1. कब तक, ताकि 2. मेहंदी लगी उँगली 3. पक्षियों की भाँति

तेरी मासूमियाँ ऐ इश्क़ रुस्वा[1] सब बजा लेकिन,
यह दुनिया है, फरिश्तों पर भी तोहमत आ ही जाती है।
मुहब्बत जायज़ा लेती है वहमे जोरो-अहसाँ का,
निगाहे-दोस्त भी ऐसे में धोका खा ही जाती है।
खुशी से रख मुआफ़ ऐ पुरसिशे-जानाँ मेरे दिल में,
जब आती है मुसर्रत[2], आके कुछ पछता ही जाती है।
वह शोरे-इन्क़लाबे-दहर हो या नाला-ए-बेकस,
सदा तेरी दिलों में बिजलियाँ दौड़ा ही जाती है।
गुबारे-कारवाँ है, महरो-माह व ज़ोहरा व परवीं,
सरे-राहे मुहब्बत-ज़िन्दगी त्योराही जाती है।
यह माना कश्तगाने-ग़म की ना महसूस हैं आहें,
लबे जा बख़्श पर कुछ मुस्कराहट आ ही जाती है।
खुशी से खुशी हो, ग़म से क्या ग़म हो ज़माने में,
कि आकर हाथ भी यह ज़िन्दगी तरसा ही जाती है।
निशातो-ग़म कहाँ तक ज़िन्दगी का साथ दें हमदम,
जहाँ साया भी छट जाए वह मंज़िल आ ही जाती है।
जो कर बैठे हैं सब्र उनके भी आँसू आ ही जाते हैं,
कलेजा दुख ही जाता है, तेरी याद आ ही जाती है।
दिले-उशाक़ बा सद[3] होशियारी खो ही जाते हैं,
निगाहे-नाज़ बा वस्फे तग़ाफुल पा ही जाती है।
बहुत आहिस्ता उठती है निगाहे-शायरे-फ़ितरत,
रुख़े-हस्ती से चादर सी मगर सरका ही जाती है।
नसीमे-सुबह से भी नरम रौ है गो ग़ज़ल मेरी,
दिलों में कुछ दबी चिन्गारियाँ भड़का ही जाती है।
'फ़िराक़' आसारे-फ़ितरत देखता जा चश्मे-पुरनम से,
सितारों को भी सुबहे-शामे-ग़म नींद आ ही जाती है।

(1943 ई.)

1. बदनाम 2. खुशी 3. सौ

## 126

हर जुंबिश बर्क़े-नज़र से अयाँ, इक़रार भी है, इन्कार भी है,
यह नर्गिसे-राअना ए साक़ी सरशार भी है हुश्यार भी है।
गुलज़ारे-मुहब्बत में हर दिल मुश्ताक़ भी है बेज़ार भी है,
ऐ सर्दे-रवाने-बहारे-चमन तू फूल भी है तू ख़ार भी है।
वह खिल उठे चेहरे रिन्दों के, वह दिल के कंवल भी लहराए,
यह दौरे-मै-रंगीं साक़ी गुलज़ार भी, बादे-बहार भी है।
हर पैकर दर्दे-मुहब्बत है आप अपनी बक़ा आप अपनी फ़ना,
यह जलवा-गहे-जानाँ, यह दिले मन्सूर भी है और दार भी है।
कुछ भी न सही यह सोज़े-निहाँ ले जाए मगर कहाँ से कहाँ,
कुछ तुझको ख़बर है, क़ल्बे-तपाँ[1] मजबूर भी है, मुख़्तार भी है।
हिम्मत ही नहीं तो कुछ भी नहीं, हिम्मत हो अगर फिर क्या है कमी,
यह हस्ती फ़ानी ओ ग़ाफिल बेकार भी है, बाकार भी है।
कुछ और भी बढ़ गई गुमशुदगी ज़िन्दाँ से छूटकर अमीरों की,
कुछ वहशते-सहरा भी है उन्हें, कुछ रंजे दरो-दीवार भी है।
तदबीर उलट जाती है जहाँ, तक़दीर पलट जाती है जहाँ,
इस लामेहदूद[2] फ़िज़ा में कहीं सुनते हैं, नया संसार भी है।
यह जाम है आबे-हयात मगर, कुछ बूए-अदम भी आती है,
यह इश्क़ हयाते-ख़िज़्र भी है, यह इश्क़ फ़ना आसार भी है।
उम्मीद न दे, पुरसिश[3] भी न करे और फरेबे-हुस्न कोई,
मायूसियों का खुश हो जाना आसान भी है, दुश्वार भी है।

---

1. गर्म दिल 2. असीमित 3. पूछताछ

तू अपने सिफ़ात[1] से बरतर है हर नाज़ो-अदा से बढ़ कर है,
गो आफ़ते-जाँ रफ़्तार भी है, गुफ़्तार भी है, किरदार भी है।
अल्लाह रे सुकूते-निगाह जिसे मतलब ही नहीं गोया दिल से,
और लहज़ा-ब-लहज़ा[2] लगावट से कुछ बढ़ती हुई तकरार भी है।
यादे-रुख़े-लैला मजनूँ को यह कहकर होश में लाती है,
ऐ जाने-जहाँ आँखें तो उठा सहराए-जुनूँ गुल्ज़ार भी है।
कुछ कैफ़े-शबाना भी आँखों में, कुछ आयी हुई अंगड़ाई भी,
तस्वीरे-सहर नैरंगे-सहर यह होश भी है, यह खुमार भी है।
दिन रात शगूफ़े खिलते हैं, दिन रात बहारें लुटती हैं,
तदबीरे-जुनूँ तक़दीरे-चमन, अय्याम[3] की कुछ रफ़्तार भी है।
इक तारे निगह की जुंबिश से शै इश्क़ को देती है क्या-क्या,
वह आँख जो माइले-सुलह भी है, आमादा-ए-सद पेकार[4] भी है।
रो रो के ख़लिश भी होती है, कुछ कशमकशे-दिल भी कम है,
सुनते हैं 'फ़िराक़' वह तीरे-नज़र दिल में भी है, दिल के पार भी है।

(1936 ई.)

1. गुण 2. क्षण प्रतिक्षण 3. दिन 4. युद्ध

## 127

हैं सब अच्छी सूरतवाले,
जाँचे परखे, देखे भाले।
आज हैं कितने ठंडे ठंडे,
कल थे जो आतिश के पर्काले[1]।
रंग तेरा दुनिया से अनोखा,
ढंग तेरे दुनिया से निराले।
कश्ती-दिल के, कश्ती-दिल से,
तोड़ दे लंगर, हाथ उठा ले।
हुस्न ख़फा है इक दुनिया से,
है कोई जो बात बना ले।
गहरी नींद में जाग रहे हैं,
तेरी आँखों के मतवाले।
रूप अनूप, चाल मतवाली,
आँखों का जादू भी जगा ले।
फिर यह तमन्नाएँ न रहेंगी,
ऐ दिल जी भर के ललचा ले।
कल फिर इश्क़ न रूठ सकेगा,
आज मना ले, आज मना ले।
चाँद के टुकड़े क़ातिले-आलम,
करते हैं अंधेर उजाले।

1. चिन्गारियाँ

प्रेम का सागर दिल की कश्ती,
कौन डुबोए, कौन उछाले।
ख़्वाबे-अदम के हो रहे दोनों,
सोनेवाले, जागनेवाले।
इश्क़ ने उठके बदल दी दुनिया,
देखते रह गए देखनेवाले।
बरस रहा है, टूट के सावन,
आग जिगर दिल की भड़काले।
कौन यह वादी-ए-इश्क़ से निकला,
आँसू रोके दिल को सँभाले।
मिट जाए, एहसान न ले,
मर जाए, यह रोग न पाले।
तेरे छूने से भी दुखे जो,
कौन इस दिल की फाँस निकाले।
आज पिया परदेस से आए,
आँसू हँसते हँसते बहा ले।
ज़िन्दा भी ज़िन्दा न रहेगा,
और अभी कुछ जी घबरा ले।
ज़ीस्त का वक़्फा मौत नहीं है,
रोनेवाले जान गँवा ले।
इतनी भी फुरसत फिर न मिलेगी,
हँस ले हँसा ले, रो ले रुला ले।
कर ले सुहाग चतुर अलबेली,
आते हैं साजन रूप सजा ले।
आज तो जैसे वह भी यहीं है,
आज तो दिल का दर्द बढ़ा ले।
आज शराब में जोश बहुत है,
आज छलक जाते हैं प्याले।
ग़म भी बक़ौल 'फ़िराक़' ख़ुशी है,
वह भी हैं क्या उलटी मतवाले।

(1940 ई.)

# 128

आए हैं कुछ दुखते दिलवाले,
है कोई जो दर्द बँटा ले।
राह देखकर चलनेवाले,
कभी-कभी तो मुँह की खा ले।
दिल की मद्धम लौ उकसा ले,
नादाँ मन की जोत जगा ले।
डर है उन्हीं से इश्क़ को जो हैं,
जाँचे परखे देखे भाले।
ज़िन्दादिली की तस्वीरें हैं,
मौत के हाथों जीनेवाले।
हुस्न यही है इश्क़ यही है,
धोखे दे ले धोखे खा ले।
सँभले हुओं के क़दम नहीं जमते,
गिरते हुओं को कौन सँभाले।
हिज्रो-विसाल[1] से बचकर उसको,
जी से भुला दे मन में बसा ले।
शोले भड़क उठें न लबों से
फूट न जाएँ ज़बान के छाले।
हुस्न से कोई नहीं है शिकायत,
आज पड़े हैं इश्क़ के पाले।
हुशियारी का कौन ठिकाना,

1. बिछोह और मिलन

ग़ाफ़िल कुछ तो धोखे खा ले।
आज तो रंगा-रंग है दुनिया,
रंग जमा ले रंग उड़ा ले।
अपनी तरफ ऐ जाने-गुलिस्ताँ,
बन्द हवाओं को सनका ले।
वहशत भी मानूस[1] है कितनी,
आए अच्छी आँखोंवाले।
नादाँ काम नहीं यह खुशी का,
दिल सँभलेगा ग़म के सँभाले।
हुस्नो-इश्क़ में फ़र्क़ है मुश्किल,
इसको छिपाए उसको निकाले।
कौन उन्हें जाने यों वह बहुत हैं,
सीधे-साधे भोले-भाले।
इश्क़ का हासिल यह भी बहुत है,
कुछ शरमा ले, कुछ पछता ले।
हम भी होते हैं कुछ ग़ाफ़िल,
ऐ दिल तू भी आँख लगा ले।
रात अन्धेरी राह कठिन है,
दर्दे मुहब्बत को चमका ले।
जान न सुकूत-ए-ग़म पर दिल के,
बातों-बातों में बहला ले।
छाई घटाएँ, आई हवाएँ,
तू भी मन की पेंग बढ़ा ले।
क्या है सलीक़ा इश्क़ को लेकिन,
हुस्न को भी साँचे में ढाले।
तन्हाई भी करवट लेगी,
जागे हुओं को नींद तो आ ले।
बस्ती-बस्ती, मंज़िल-मंज़िल
जी अटका ले, दिल भटका ले।
इसको 'फ़िराक़' मसीहा समझें,
नब्ज़ मुहब्बत की जो पाले।

(1940 ई.)

1. परिचित

## 129

ज़र्रों को सुलाए है तारों को जगाए है,
कुछ धीमे सुरों में वह जब रातों को गाए है।
हम हिज्र के मारों को वह याद जब आए है,
दिल हाथों से जाए है वह सदमे उठाए है।
अन्दाज़े-नज़र उसका यूँ याद कब आए है,
रह-रह के मगर दिल पर नश्तर सा चलाए है।
अंजामे-मुहब्बत से वाइज़[1] जो डराए है,
यह किसको बताए है यह किसको सुनाए है।
है तीद भी याद उसकी और सुबहे-क़यामत भी,
कुछ चोट बिठाए है क्या दर्द उठाए है।
हर बुअद[2] इक क़ुर्बत[3] हर कुर्ब में इक दूरी,
ऐ दोस्त तुझे कोई खोए है न पाए है।
यह शोला मुहब्बत का यह आँच मुहब्बत की,
इन्सान की मिट्टी को अकसीर बनाए है।
रोना तो कहाँ लेकिन फ़ुर्क़त में सरे मिज़गाँ,
धुँधला सा कोई तारा अक्सर नज़र आए है।
हस्ती की शबिस्ताँ में यह कौन चिराग़े-दिल,
रह-रह के जलाए है रह-रह के बुझाए है।
खुद सोच ले क्या होगा उस शौख़ का याद आना,
जब उसको भुलाते ही यों जी पे बन आए है।

---

1. उपदेशकर्ता 2. दूरी 3. समीपता

यह दर्दे-मुहब्बत है आप अपनी दवा नादाँ,
रोना हो कि हँसना हो कुछ काम भी आए है।
मासूम मुहब्बत का क्या ज़िक्र करें उससे,
वह जुर्म ख़ता को भी कब ध्यान में लाए है।
यह पर्दा-ए-साज़े-दिल यह नक़्शो-निगारे-दिल,
क्या-क्या न सुनाए है, क्या-क्या न दिखाए है।
इक दर्द की दुनिया है, वक़्ते-गुज़राँ ऐ दिल,
यह सुबह अज़ल से ही क्या क़ाफ़िला जाए है।
तारों की पलक भारी है ग़म के फ़साने से,
हमको भी 'फ़िराक़' अब तो कुछ नींद सी आए है।

---

पुराना धोखेबाज़ उसको समझ 'कल' नाम है जिसका,
अज़ल से इसके ये धोखे कभी बासी नहीं होते।

---

(1937 ई.)

## 130

उन नर्म निगाहों का अन्दाज़ जो पाए है,
दिल सख्ती-ए-दौराँ को कुछ भूल सा जाए है।
मुबहम[1] सा नज़ारा भी आँखों को लुभाए है,
दुनिया के धुँधलके में क्या क्या नज़र आए है।
इंसान का मुहब्बत से वाइज़ जो डराए है,
तू बात बिगाड़े है या बात बनाए है।
वह नर्म निगाहों से अफ़लाक़ को ढाए है,
रह-रह के उभारे है रह-रह के मिटाए है।
इकतर्फ़ः मुअम्मा[2] है नैरंगे मुहब्बत भी,
सौ तरह उजाड़े है सौ तरह बसाए है।
वह आग मुहब्बत की लगते भी नहीं देखी,
रग-रग में जो रह-रहकर शोले से उठाए है।
गो जज़्बे-निहाँ उसका है अपनी जगह लेकिन,
क्या जानिए किस जानिब खींचे लिए जाए है।
पहले से भी गहरा है रंग उसके तग़ाफ़ुल का,
लेकिन दिले-दीवाना कब होश में आए है।
क्या हुस्न की फ़ितरत भी बदले है कहीं ऐ दिल,
क्यों बाज़ न आए है क्यों जान खपाए है।
जिस राह में ऐ वाइज़, सूरज है इक इक ज़र्रा,
सुनते हैं वही रस्ता मयखाने को जाए है।

1. अस्पष्ट 2. रहस्य

नैरंगे सितम उसके किस तरह बयाँ कीजिए,
कुछ भूल भी जाए है कुछ याद भी आए है।

हम इश्को-मुहब्बत को तो भूल चुके लेकिन,
जब नाम तेरा लीजे तब आँख भर आए है।

इक ख़्वाबे-परीशाँ है यह बज़्म, जहाँ लेकिन,
आए है, न जाए है, खोए है, न पाए है।

ले कट ही गई आख़िर यह ज़िन्दगी-ए-फ़ानी,
ऐ दोस्त ख़ुदा हाफ़िज़ कुछ नींद सी आए है।

वह जा भी चुका कब का, वह भूल चुका कब का,
दिल है कि 'फ़िराक़' अब तक दामन को छुड़ाए है।

---

पानी में उतरनेवाले भी इस राज़ से वाक़िफ़ हो न सके,
मिलती न थी जिनकी थाह वही चढ़ते दरिया पायाब भी थे।

---

(1937 ई.)

## 131

सब में कहाँ बातों के क़रीने,
लफ़्ज़ हैं या लौ देते नगीने।
सीने में तेरे ग़म के दफ़ीने,
पलकों में आँसू के ख़ज़ीने।
जैसे जादू जाग रहा है,
वह मस्त आँखें देंगी न जीने।
अक्स पड़ा जब हुस्न का तेरे,
आबे-हयात को आए पसीने।
शोला-शोला पैकरे-ताबाँ,
जगमग जगमग मद भरे सीने।
उमड़ा सागर उठती जवानी,
डगमग डगमग दिल के सफीने।
वायदा फ़र्वा[1] करनेवाले,
बीत गए दिन हफ़्ते महीने।
दिल ही ने मुझे तुझ से मिलाया,
तुझ से छुड़ाया भी दिल ही ने।
मेरे ग़म के तेरे सितम के
सबने लगाए ग़लत तख़्मीने।
सब की सफ़ा और मेरी कदूरत,
सब का खुलूस न इश्क़ के कीने।

1. निभाना

राहे-मुहब्बत में पड़ते हैं,
लाखों मक्के, लाखों मदीने।
इश्क़ ने डालीं इस पे कुमन्दें,
सय्यारे[1] जिस बाम[2] के ज़ीने।
नरगे में आ गया इश्क़े-आज़म,
टूट पड़े दुनिया के कमीने।
क़ौमों को गुमराह किया है,
शायर की बेराह रवी ने।
आबे-हयात हज़्म करने को,
कितने ज़हर पड़ेंगे पीने।
देख के तेरा पैकरे-ताबाँ,
सूरज चाँद पसीने-पसीने।
जौबन में आँखों की झपक है,
आँखें जौबन के आईने।
रंग तेरा ऊषा का तबस्सुम,
रूप वह लौ जो सितारों से छीने।
दरख़ाना-ए-दिल मेहमान आयद[3]
महर[4] लक़ाए महा जबीने[5]।
आज 'फ़िराक़' की नर्म नवाई,
चीर गई रातों के सीने।

---

नाज़ुक वक़्तों में आकर इश्क़ दग़ा दे जाता है,
चढ़ती नद्दी पार उतारे उतरी नद्दी डुबोए भी।

---

(1946 ई.)

1. तारा 2. छत 3. दिल के घर में मेहमान आया 4. सूर्य 5. चन्द्रमुखी

## 132

तेरे पिंदार[1] की ख़मियाज़ा कश है बेखुदी तेरी,
घटाता जा रहा है इश्क़ खुद ना आगही तेरी।
सरक आई है ज़ुल्फ़े ख़म ब ख़म रूए दरख़्शाँ[2] पर
महकती छाँओं से आती है छनकर रोशनी तेरी।
दिखाते हैं सितारे एक बेहतर ज़िन्दगी के ख़्वाब,
न देख उनकी तरफ वह छीन लेंगे सब खुशी तेरी।
दिले-नाजुक में तेरे थरथराती शमा, के मानिन्द,
खुशी और डर के मुझसे बढ़ चली है दोस्ती तेरी।
ज़मीने-रहगुज़र के ज़र्रे गहरी साँस लेते हैं,
सकूँ आसार कितनी है अदाए-कम रवी तेरी।
सितारे लाला-ओ-गुल बज़्मे-हस्ती बे तेरे बे क़ैफ़,
हो कोई अंजुमन महसूस होती है कमी तेरी।
तेरी बातों से तड़का हो गया ग़म ख़ानाए-दिल में,
हज़ारो महरो-मह बरसा गई रंगीन हँसी तेरी।
तुझी से है कहीं शोला बद अमाँ चादरे-शबनम,
झलती है कहीं रू-ए-सहर पर ताज़गी तेरी।
मुहब्बत और मायूसे-करम हो जाए यूँ तुझ से,
थे कितने लुत्फ़ के उन्वाँ तबीयत ही न थी तेरी।
निगाहे-लुत्फ़ उठती है तो यूँ बेलाग उठती है
है पर्दे में तवज्जह के तग़ाफुल पेशगी तेरी।

---

1. घमंड 2. चमकता हुआ

सितारे खो गए हैं रूप के संगीत में अक्सर
कहाँ साज़े-शबे-महताब[1] में भी नग़मगी तेरी।

मेरे आग़ोश से उठकर कभी आईना देखा है,
सहर को और बढ़ जाती है कुछ दोशीज़गी तेरी।

कुछ ऐसा कर कि इकदम मुस्करा दें आहूए पुरनम[2],
खुलूसे-इश्क़ से उठती नहीं आज़ुर्दगी तेरी।

शरीके-बज़्म होकर यों उचट के बैठना तेरा,
खटकती है तेरी मौजूदगी में भी कमी तेरी।

मैं कहता हूँ कि उसकी हर ख़ता है रश्के-मासूमी,
फ़िराक़े-ज़ार से बे वजह है यह नाखुशी तेरी।

---

तू याद आए तेरे जोरो-सितम लेकिन न याद आएँ
तसव्वुर में यह मासूमी बड़ी मुश्किल से आती है।

---

(1946 ई.)

1. चाँदनी 2. हिरन जैसी नम आँखें

## 133

ग़मज़दों का क्यों पता देने लगीं बातें तेरी
दिन तेरे भरपूर रंगारंग हैं रातें तेरी।

इक सकूते-दास्ताँ दर दास्ताँ तेरी निगाह,
इक सुकूने-हश्र सामाँ यह मुलाक़ातें तेरी।

है इन्हीं में एक मर्ग-ए-नागहाँ का भी फ़रेब,
हम को सब मालूम हैं ऐ ज़िन्दगी घातें तेरी।

आँखें भर आएँगी सीनों में उमड़ आएँगे दिल,
जब दयारे-यार याद आएँगी बरसातें तेरी।

अब मेरी आवाज़ पर्दा है तेरी आवाज़ का,
यह मेरे नग़मात है, ऐ दोस्त या बातें तेरी।

हुस्न ही का दूसरा नाम इक सुकूने-बेकराँ,
फूल की सेजें तेरी, नींदें तेरी, रातें तेरी।

दास्ताँ दर दास्ताँ है शायरी तेरी 'फ़िराक़'
महफ़िले-अंजुम तेरी, रातें तेरी, बातें तेरी।

---

न हुई थी अभी कुछ देर उसे महमान हुए,
सभी उस शोख़ पे जी जामा[1] से क़ुर्बान हुए।

---

(1942 ई.)

1. तनमन

## 134

अपने ग़म का मुझे कहाँ ग़म है,
ऐ कि तेरी ख़ुशी मुक़द्दम[1] है।
आग में जो पड़ा वह आग हुआ,
हुस्न सोज़े-निहाँ, मुजस्सिम[2] है।
उसकी शैतान को कहाँ तौफ़ीक़,
इश्क़ करना गुनाहे-आदम है।
दिल के धड़कों में ज़ोरे-ज़रबे कलीम,
किस क़दर इस हुबाब[3] में दम है।
है वही इश्क़ ज़िन्दा-ए-जावेद,
जिसे आबे-हयात भी सम है।
इसमें ठहराव या सुकून कहाँ,
ज़िन्दगी इन्क़लाबे-पैहम है।
इक तड़प मौजे-ते-नशीं की तरह,
ज़िन्दगी की बिनाए मुहकम[4] है।
रहती दुनिया में इश्क़ की दुनिया,
नए उनवान से मुनज़्ज़म[5] है।
उठनेवाली है बज़्म माज़ी की
रोशनी कम है ज़िन्दगी कम है।
यह भी नज़्मे-हयात है कोई,
ज़िन्दगी ज़िन्दगी का मातम है।

---

1. वरीयता प्राप्त 2. सशरीर, सपिंड 3. बुलबुला 4. पक्का 5. व्यवस्थित

एक मुअम्मा[1] है ज़िन्दगी ऐ दोस्त,
यह भी तेरी अदाए-मुबहम[2] है।
ऐ मुहब्बत तू एक अज़ाब सही,
ज़िन्दगी बे तेरे जहन्नुम है।
इक तलातुम[3] सा रंगो-निकहत[4] का,
पैकरे नाज़ में दम सा दम है।
फिरने को है रसीली नीम निगाह,
आहुए[5] नाज़ मसाइले[6]-रम है।
रूप की जौत ज़ेरे पैराहन[7],
गुलिस्ताँ पर रुदाए शबनम है।
मेरे सीने से लग के सो जाओ,
पलकें भारी हैं रात भी कम है।
आह, यह महरबानियाँ तेरी,
शादमानी की आँख पुरनम है।
जैसे उछले जुनूँ की पहली शाम,
इस अदा से वह ज़ुल्फ बरहम है।
नर्म-ओ-दोशीज़ा किस कदर है निगाह,
हर नज़र-दास्ताने-मरियम[8] है।
यूँ भी दिल में नहीं वह पहली उमंग,
और तेरी निगाह भी कम है।
और क्यूँ छेड़ती है गर्दिशे-चर्ख़[9]
वह नज़र फिर गई यह क्या कम है।
रूकशे-सद[10] हरीमे[11]-दिल है फ़िज़ा,
वह जहाँ हैं, अजीब आलम है।
मह्र-ओ-माह[12] शोला हाए[13] साजे-जमाल,
जिस की झंकार इतनी मद्धम है।
दिए जाती है लौ सदाए 'फ़िराक़'
हाँ वही सोज़ो-साज़े कम-कम है।

**(1946 ई.)**

❑❑❑

1. रहस्य 2. अस्पष्ट 3. जोश 4. खुशबू 5. हिरन 6. समस्याएँ 7. वस्त्र 8. ईसा की माँ 9. आकाश 10. सौ 11. चारदीवारी 12. सूर्य और चन्द्रमा 13. बहुत से अंगारे